Karen Kritzer

Praktische Probleme bei der Zulässigkeit und Begründetheit einer Nichtzulassungsbeschwerde

Diplomarbeit
an der Berufsakademie Stuttgart, Staatliche Studienakademie
Fachbereich BWL
3 Monate Bearbeitungsdauer
April 2002 Abgabe

D1719133

Diplom.de

Diplomica GmbH
Hermannstal 119k
22119 Hamburg

Fon: 040 / 655 99 20
Fax: 040 / 655 99 222

agentur@diplom.de
www.diplom.de

ID 6275

ID 6275
Kritzer, Karen: Praktische Probleme bei der Zulässigkeit und Begründetheit einer
Nichtzulassungsbeschwerde
Hamburg: Diplomica GmbH, 2003
Zugl.: Stuttgart, Berufsakademie, Diplomarbeit, 2002

Diplomica GmbH
http://www.diplom.de, Hamburg 2003
Printed in Germany

Inhaltsverzeichnis

3. Die Nichtzulassungsbeschwerde nach § 116 FGO n. F.

1. Einleitung

Die Nichtzulassungsbeschwerde ist ein Rechtsbehelf im Steuerrecht, der Anwendung findet, wenn das FG die Revision gegen ein Urteil nicht zulässt. Dann kann wegen Nichtzulassung zur Revision Nichtzulassungsbeschwerde (NZB) eingelegt werden. Wenn die NZB die Voraussetzungen der Zulässigkeit und Begründetheit erfüllt, lässt der BFH die Revision zu. Von den bisher fristgerecht eingelegten NZB bleiben bisher erschreckend viele ohne Erfolg, weil die Regeln nicht beachtet werden. In der Vergangenheit hat der BFH außerordentlich viele dieser Rechtsbehelfe wegen mangelhafter Begründung als unzulässig zurückgewiesen. Es waren nur knapp 50% ohne Zurücknahme im Jahr 2000 zulässig.[1] Von diesen entfiel ein Grossteil auf nicht ausreichende begründete NZB. Genau gesagt, waren im Jahr 2000, 737 NZB, über die der BFH entschieden hat, unzulässig, 546 unbegründet und nur 194 begründet. Wenn man dagegen als Vergleich die Revision betrachtet, waren hier 229 unzulässig, 277 unbegründet und 329 begründet.[2] Die hohe Zahl der angestiegenen NZB lässt vermuten, dass dafür nicht nur die Unfähigkeit des Prozessbevollmächtigten, sondern auch möglicherweise überzogene Anforderungen des Gerichts verantwortlich sind. Bisher haben die hohen Begründungsanforderungen des § 115 Abs. 3 S. 3 FGO a. F. es unmöglich gemacht, den Ausgang des Beschwerdeverfahrens kalkulierbar vorauszusagen.[3] Der oben angeführte Vergleich und die noch folgenden Punkte zeigen wie dringend notwendig eine Gesetzesänderung im Rahmen dieser praxisnahen Vorschrift der NZB gewünscht wurde. Ein weiterer Punkt für eine notwendige Änderung im Gesetz im Rahmen der NZB, stellt die kostbare richterliche Arbeitskraft dar. Durch Entscheidungen über NZB, die weder mit dem Revisionszweck noch mit dem Individualrechtsschutz etwas zu tun haben und so keinerlei nutzen bringen, vergeudet der BFH seine wertvolle Arbeitskraft.[4] Ausschlaggebend für eine Gesetzesänderung war auch das BFHEntlG. Denn das BFHEntlG ist Ende des Jahres 2000 ausgelaufen. Dies hätte zur Folge gehabt, das die alte Revisionszulassung gemäß § 115 FGO mit dem Streitwert von 1000,00 DM wieder in Kraft getreten wäre. Demzufolge hätte der BFH mit einem starken Anstieg von Eingängen rechnen müssen, was zu einer Verlängerung der Verfahrensdauer geführt hätte. Mit der Neufassung des 2. FGO ÄndG hat man dies verhindert.[5]

Durch das 2. FGOÄndG vom 19.12.2000 hat die NZB einige Änderungen erfahren, die Erleichterung schaffen und die Anzahl der zulässigen und begründeten NZB erhöhen sollen. Gegenstand des Verfahrens ist allein die Nichtzulassung der Revision nach § 116 Abs. 1 FGO.

---

[1] Vgl. BFH-Jahresbericht 2000, S. 7, 14
[2] vgl. BFH-Jahresbericht 2000, S. 14 (15)
[3] vgl. Seer, R. (2001), S. 11
[4] vgl. List, H. (2000a), S. 1504
[5] vgl. List, H. (2000a), S. 1502

In dieser Arbeit werde ich mich zuerst ausführlich den Zulassungsgründen widmen. Denn wenn ein Revisionsgrund vorliegt, muss die Revision zugelassen werden. Falls das Urteil nicht zur Revision zugelassen wird, kann man wie eingangs erläutert, NZB einlegen. Die Revisionszulassungsgründe gelten in gleicher Weise für die Zulassung im Verfahren der NZB. Diese sind in der Revisionszulassung nach § 115 FGO n. F. geregelt. Im folgenden werde ich die Vorgehensweise, die Begründung, den Verlauf und die Folgen bei der Einlegung einer NZB anhand von neuem Recht, mit Hinweisen bei Änderungen auf altes Recht, erläutern. Die folgende Arbeit soll aufzeigen, dass praktische Probleme bei der Zulässigkeit und Begründetheit einer NZB nicht entstehen müssen, wenn die nachfolgenden Ausführungen beachtet werden.

2. Zulassung zur Revision nach § 115 FGO

2.1 Allgemeines

2.1.1 Wesen und Zweck der Revision

Die Revision ist ein echtes Rechtsmittel. Sie ermöglicht die Aufhebung des angefochtenen Urteils oder eine anderweitige Entscheidung des Revisionsgerichts in der Sache selbst. Die Einleitung sowie die Beendigung liegt in Händen der Beteiligten. Die Zulässigkeit ist von der Beschwer des Rechtsmittelführers abhängig. Die Beteiligten bestimmen den Verfahrensgegenstand. Dem Revisionsgericht ist es nur möglich innerhalb der Revisionsanträge der Beteiligten über den Rechtsstreit zu entscheiden. Ebenso bewirkt die Entscheidung über die Revision nur Rechtskraft zwischen den Beteiligten. Die Revisionskosten sind Kosten des Rechtsstreits. Sie sind von dem unterliegenden Beteiligten nach § 135 FGO zu tragen.[6]

Das Rechtsmittel der Revision dient zum einen dem Individualrechtsschutz des Steuerpflichtigen und der Einzelfallgerechtigkeit. Diese kann auch die beklagte Finanzbehörde als Revisionsklägerin durchsetzen.[7] Beides schützte die abgeschaffte Streitwertrevision. Zum anderen aber dient die Revision hauptsächlich dem Allgemeininteresse an der Einheitlichkeit der Rechtsprechung und der Rechtsfortbildung.[8]

---

[6] vgl. Ruban, R. (2002), Rz. 1
[7] vgl. BT-Druck 14/4061, S. 6; List, H. (2000), S. 1499, 1503; Beermann, A. (2000), S. 773; Seer, R. (2001), S. 3,9; Spindler, W. (2001), S. 61, 62
[8] vgl. Ruban, R. (2002), Rz. 1, 2

2.1.2 Revisionsarten im Überblick

Seit dem 1.1.01 ist die Revision ausschließlich zulassungsabhängig. Geordnet nach den Revisions-
gründen lassen sich nunmehr nur noch folgende Arten von Revisionen unterscheiden:

Revision			
Grundsatz-revision	Rechtsfortbildungs-revision	Rspr.- Vereinheit-lichungsrevision	Verfahrens-revision
§ 115 Abs. 2 Nr. 1	§ 115 Abs. 2 Nr. 2 Alt. 1	§ 115 Abs. 2 Nr. 2 Alt. 2	§ 115 Abs. 2 Nr. 3

[9]

Die oben genannten Arten stehen als selbständige Revisionsarten nebeneinander. Sie schließen
einander nicht gegenseitig aus. Es ist möglich, dass einer Revision mehreren Arten zuzurechnen ist,
wenn sie auf mehrere Revisionsgründe gestützt ist. Wenn an einem Verfahren mehrere beteiligt sind,
können verschiedenen Revisionsarten für die einzelnen Beteiligten in Frage kommen.

2.1.3 Rechtsprüfung

Das angefochtene Urteil darf vom Revisionsgericht grundsätzlich nur in rechtlicher, nicht aber in tatsächlicher Hinsicht geprüft werden. Dem Revisionsgericht ist die Prüfung der vom FG festgestellten
Tatsachen verwehrt. Der BFH ist nach § 118 Abs. 2 Halbsatz 1 FGO in der Regel an die tatsächlichen Feststellungen der angefochtenen Urteile und den daraus gezogenen Schlussfolgerungen tatsächlicher Art gebunden. Darum ist zwischen Rechtsfragen und Tatfragen zu unterscheiden. Maßgebend für die Abgrenzung ist die Funktion, die der Revisionsinstanz nach der Finanzgerichtsordnung im finanzgerichtlichen Verfahren zukommt. Die Revision soll als Rechtsmittel eine möglicht
umfassende Rechtsprüfung des FG-Urteils auslösen. In tatsächlicher Hinsicht soll das angefochtene
Urteil aber nur auf Verfahrensmängel geprüft werden, die auf dem Wege zu der Entscheidung dem
Finanzgericht unterlaufen sind und auf denen nach § 115 Abs. 2 Nr. 3 FGO n. F. die angefochtenen
Entscheidung beruhen kann.[10]

2.1.4 Abschied von der Streitwertrevision

Mit der Neufassung des § 115 Abs. 1 FGO nimmt man endgültig Abschied von der seit 1985
durch das BFHEntlG[11] eingeführten Streitwertrevision. Die Neuregelung geht davon aus, dass
der Streitwert „kein geeignetes Auswahlkriterium" für die Revision[12] darstellt. Zustimmon[13] kann

---

[9] Enthalten in: Seer, R. (2001), Tz. 17
[10] vgl. Seer, R. (2001), Tz. 18-19
[11] vgl. Gesetz zur Entlastung des Bundesfinanzhofs v. 4.7.1985, BGBl. I 1985, S. 1274
[12] vgl. die Gesetzesbegr., BT-Drucks. 14/4061 v. 11.9.2000, S. 7
[13] vgl. a. A. List, H. (2000b), S. 2294

ich dem für das finanzgerichtliche Verfahren, in dem häufig die Entscheidung in einem Rechtstreit mit nur geringem Streitwert gleichwohl deshalb maßgebende Bedeutung zukommt, weil sie mittelbar eine Vielzahl von Steuerpflichtigen betrifft. Dagegen kann einem Rechtsstreit mit hohem Streitwert durchaus eine über den Einzelfall hinausgehende Bedeutung fehlen.[14] Nicht zu unterschätzen ist, dass die Streitwertrevision für den Individualrechtschutz und eine effiziente Rechtmäßigkeitskontrolle durch eine 2. Instanz in zumindest wirtschaftlich nicht unbedeutenden Verfahren stand.[15]

2.1.5 Zur Änderung des § 115 Abs.2 durch das 2. FGOÄndG

Seit dem 1.1.2001 gilt § 115 Abs. 2 FGO in veränderter Fassung. Im wesentlichen vom Wortlaut unverändert sind die Zulassungsgründe des Abs. 2 Nr. 1 und 3 geblieben. Lediglich der Zulassungsgrund der Divergenz ist ersetzt worden. Dieser steht jetzt für den Zulassungsgrund der erforderlichen Entscheidung des BFH zur Fortbildung des Rechts oder zur Sicherung einer einheitlichen Rechtsprechung. Aber mit diesen Begriffen hat die Rechtsprechung auch schon seither den Zulassungsgrund der Divergenz[16] verbunden.[17] Die Zulassungsgründe des § 115 Abs.2 Nr. 2 FGO n. F. stellen nichts anderes als die allgemein anerkannten Revisionszwecke dar. Damit ist gemeint, dass die Revision nur zulässig ist, wenn mit der angestrebten Revisionsentscheidung gleichzeitig auch einer der Revisionszwecke erreicht wird. Dadurch sollen die an den BFH gelangenden Revisionen verringert werden. Jedoch die Beurteilung welcher Revisionsgrund angesprochen ist, kann nur der BFH selbst treffen. In diesen Fällen, wird bei verneinter Revisionszulassung der Bevollmächtigte es sich nicht nehmen lassen NZB einzulegen. Dies hat zur Folge, dass die Anzahl der eingereichten NZB vermutlich kaum geringer werden.[18]

Im 2. FGOÄndG war im Gesetzesentwurf noch ein 4. Revisionsgrund geplant. Zum bedauern der Arbeitsgruppe und der h. M. wurde der Revisionsgrund der „überwiegenden Zweifel an der Richtigkeit der Entscheidung" nicht in die Neufassung genommen. Er hätte den vernachlässigten Individualrechtsschutz und die Rechtmäßigkeitskontrolle finanzgerichtlicher Entscheidungen verstärken können, gleichzeitig aber hätte er die Anzahl der Rechtsmittel wohl drastisch erhöht.[19]

2.2 Statthaftigkeit der Revision

Nach § 115 Abs. 1 FGO n. F. ist die Revision nur statthaft, wenn das FG oder auf Beschwerde gegen die Nichtzulassung der BFH sie zugelassen hat. Das FG muss wenn ein Revisionsgrund vorliegt

---

[14] vgl. Spindler, W. (2001), S. 61
[15] vgl. Seer, R.. (2001), S. 3,5
[16] siehe S. 12
[17] vgl. List, H. (2000b), S. 2297
[18] vgl. List, H. (2000a), S. 1504
[19] vgl. Schaumburg, H. (1999), S.73; Seer, R. (2000), S. 2390; Seer, R. (2001), S. 10

die Revision im Urteil oder im Gerichtsbescheid zulassen, der BFH nach § 116 FGO n. F. im Beschwerdeverfahren. Eine Revision, die nicht zugelassen worden ist, ist als unzulässig zu verwerfen. Möglicherweise ist eine Auslegung als NZB möglich.[20]

2.2.1 Gegenstand der Revision

Nach § 115 Abs. 1 FGO ist die Revision gegeben gegen das Urteil eines Finanzgerichts § 36 Nr. 1 FGO. Somit ist es möglich mit der Revision alle Arten finanzgerichtlicher Urteile anzufechten. Als Revisionsgegenstand kommen Endurteile, Teilurteile, Ergänzungsurteile und Zwischenurteile als Grundurteile, Zwischenurteile über sonstige Vorabendscheidungen im Sinn des § 99 Abs. 2 FGO bzw. Zwischenurteile über die Zulässigkeit in Frage.

2.2.2   Berechtigte

Nur Beteiligten im Sinne des § 57 FGO steht nach § 115 Abs. 1 FGO die Revision zu. Zu diesen gehören alle jene, die tatsächlich an dem Verfahren der ersten Instanz beteiligt waren. Hiermit sind zur Revisionseinlegung berechtigt, Kläger, Beklagter und Beigeladener. Wenn mehrere Beigeladene vorhanden sind, hat jeder davon das Recht. Nicht ausreichend für eine Revisionsberechtigung ist, dass eine Person am Verfahren hätte beteiligt werden müssen, aber nicht beteiligt war. Jedoch ist es einem falsch Bezeichneten möglich, Revision einzulegen. Eine Nachholung der Beiladung durch den BFH ist möglich.

Durch Einlegung der Revision können die Berechtigten das Revisionsverfahren nicht selbst in Gang setzen, es gilt nach § 62 a Abs. 1 FGO Vertretungszwang vor dem BFH. Seit dem 1.1.01 gehören dazu nicht nur Steuerberater, Steuerbevollmächtigte, Rechtsanwälte, niedergelassene europäische Rechtsanwälte, Wirtschaftprüfer, vereidigte Buchprüfer, sondern auch sogenannte Berufsgesellschaften. Darunter fallen Partnerschafts-, Steuerberatungs-, Rechtanwalts-, Wirtschaftsprüfungs- und Buchprüfungsgesellschaften. Zuvor war deren Tätigkeit stillschweigend akzeptiert. Doch jetzt hat endlich der Gesetzgeber reagiert und dies offiziell ins Gesetz aufgenommen.[21]

2.3   Grundsatzrevision § 115 Abs. 2 Nr. 1 FGO n. F.

2.3.1   Begriff und Bedeutungswandel durch das 2. FGOÄndG v. 19.12.2000

Der Wortlaut des § 115 Abs. 2 Nr.1 FGO ist identisch. Nach dem BFH-Urteil vom 17.10.2001 bleiben die Anforderungen an die Darlegung des Zulassungsgrundes der grundsätzlichen Bedeutung an der Rechtssache wie sie die höchstrichterliche Rechtsprechung entwickelt hat unverändert. Jedoch

---

[20] vgl. Lange, H. F. (2001), Rz.50
[21] vgl. Seer, R. (2001), Tz. 26, 27

erfährt der § 115 Abs. 2 Nr. 1 i. V. m. der neugefassten Nr. 2 einen wesentlichen Bedeutungs-wandel. Seither diente der Zulassungsgrund der „grundsätzlichen Bedeutung" hauptsächlich dazu, das Allgemeininteresse an der Fortbildung des Rechts zu wahren. Mit § 115 Abs. 2 Nr. 2 FGO n. F. wurde jetzt ein besonderer Rechtsfortbildungsrevisionsgrund eingeführt. Für diesen gelten weiter die Darlegungsanforderungen des Zulassungsgrundes der grundsätzlichen Bedeutung.[22] Das Gesetz macht deutlich, dass es neben der Rechtsfortbildung und Einheitlichkeit der Rechtsprechung auch andere Fälle von grundsätzlicher Bedeutung geben muss, welche die Revisionszulassung rechtferti-gen.[23] In der Gesetzesbegründung sind vor allem Fehler genannt, die bei der Auslegung revisiblen Rechts entstehen. Fehler, die von erheblichem Gewicht und geeignet sind, das Vertrauen in die Rechtsprechung zu beschädigen.[24] Somit enthält § 115 Abs. 2 Nr. 1 abweichend von seiner ur-sprünglichen Bedeutung einen individualrechtschützenden Charakter.[25]

2.3.2 Bisher enges Verständnis der Rechtsprechung vom Begriff der „grundsätzlichen Be-deutung

Bisher verlangt der BFH für die Darlegung zur Begründung der grundsätzlichen Bedeutung, dass in der Beschwerdeschrift eingangs die Rechtsfrage abstrakt formuliert ist, die Gegenstand des Verfah-rens ist. Im weiteren Verlauf ist schlüssig darzulegen, dass die Beurteilung der Rechtsfrage von der Klärung einer zweifelhaften oder umstrittenen Rechtslage abhängt.

Der Begriff der „grundsätzlichen Bedeutung" zählt zu den unbestimmten Rechtsbegriffen. Durch ihn beschränkt der Gesetzgeber die Revision auf seiner Ansicht nach revisionswürdige Prozesse. Seine Anwendung macht ein richterliches Werturteil erforderlich. Nach Auffassung des BVerfG handelt es sich um „einen übernommenen, hinreichend eingrenzbaren und durch die Rechtsprechung in ver-schiedenen Gerichtszweigen auch bereits weitgehend ausgefüllten Rechtsbegriff".[26]

Bisher hat die Rechtsprechung des BFH den unbestimmten Rechtsbegriff allerdings unterschiedlich verstanden. Seither ist von allen Senaten mindestens gefordert worden, dass das abstrakte Interes-se der Allgemeinheit an der einheitlichen Entwicklung und Handhabung des Rechts berührt wird.[27] Darüber hinausgehend forderte der BFH in nicht wenigen Entscheidungen, dass es sich bei der ent-scheidungserheblichen Rechtsfrage zugleich um eine „aus rechtssystematischen

---

[22] vgl. BFH-Urteil vom 17.10.2001, III B 65/01, BFH/NV 2002, S. 217
[23] vgl. Seer, R. (2001) S. 3, 9
[24] vgl. BT-Drucks. 14/4061, S. 9
[25] vgl. Beermann, A. (2000), S. 773, 775 f.; Seer, R. (2001), S. 3, 7 ff.
[26] vgl. Seer, R. (2001), S. 11
[27] vgl. BFH-Urteil vom 26.9.1991, VIII B 41/91, BStBl II 1991, S. 924

Gründen bedeutsame und für die einheitliche Rechtsanwendung wichtige Frage" handeln müsse.[28] Die unterschiedlichen Formulierungen zeugen von der besonderen Vagheit des Begriffs.[29] Wenn der BFH außerdem fordert, dass es sich um eine „aus rechtssystematischen Gründen be-deutsame" Rechtsfrage handelt, beurteilen dies Seer, Beermann und List als „Lotteriespiel".[30] Was der eine als Rechtssystem versteht, kann für den anderen ein bloßen Konglomerat von Einzelregeln sein, worüber sich streiten lässt. Aus diesem Grund ist die letztgenannte Einschränkung bereits unter dem alten Recht unhaltbar.[31]

2.3.3 Erweiterte Auslegung der Grundsatzrevision nach Motiven des 2. FGOÄndG

In Zukunft soll es ausreichen, dass der Beschwerdeführer im Rahmen der grundsätzlichen Bedeu-tung darlegt, warum das öffentliche Interesse eine Sachentscheidung fordert.[32] Bisher ist eine im Einzelfall sachlich unrichtige Entscheidung vom FG noch nicht schwerwiegend genug gewesen, um das Allgemeininteresse zu begründen. Die Rechtsprechung verneint bisher die Breitenwirkung und somit das Allgemeininteresse, wenn die entscheidungserhebliche Rechtsfrage lediglich feste Rechtsgrundsätze auf einen bestimmten, individuellen Einzelsachverhalt anzuwenden verlangte. Nach der neuen Gesetzesbegründung will man sich davon lösen. Nunmehr soll es möglich sein, FG-Urteile mit anhaftenden Fehlern bei der Auslegung revisiblen Rechts beseitigen zu können, wenn diese von erheblichem Gewicht und geeignet sind, das Vertrauen in die Rechtsprechung zu beschä-digen. Dem BFH wird damit die Möglichkeit gegeben, nicht „sehenden Auges" Unrecht hinzunehmen.

Im Rahmen der Prüfung ob die Rechtsverletzung ein erhebliches Gewicht besitzt, ist auch die tat-sächliche Auswirkung der Fehler für die Beteiligten von Relevanz. Der Gesetzgeber nimmt dieses um eine Erweitung des Zugangs zum BFH zu schaffen, nicht nur im Rahmen des abstrakten Allge-meininteresses an, wenn eine große Anzahl von Steuerfällen, von der Rechtssache betroffen sind, im Rahmen des abstrakten Allgemeininteresses. Vielmehr kann auch bei großen wirtschaftlichen und sozialen Auswirkungen der Entscheidungen eine Leitentscheidung des BFH erforderlich sein, ohne dass aufgrund der quantitativen Fallzahl unbedingt eine Breitenwirkung festgestellt werden kann.[33]

---

[28] vgl. BFH-Urteil vom 9.8.2001, III R 14/01, BFH/NV 2001, S. 48
[29] vgl. List, H. (2000b), S. 2296; Seer, R. (2001), S. 10
[30] vgl. Seer, R. (2001), Tz. 43; Beermann, A. (2000), S. 773, 775; List, H. (2000b), S. 2294, 2296
[31] vgl. Seer, R. (2001), Tz. 42, 43
[32] vgl. Seer, R (2001), S. 11
[33] vgl. Seer, R. (2001), S.Tz. 54, 55; Beermann, A.(2000), S. 773, 775

2.3.5 Klärungsbedürftigkeit

Die Rechtsfrage muss klärungsbedürftig sein, wenn sie zur Revision zugelassen werden will.[34] Die für die grundsätzliche Bedeutung maßgebende Rechtsfrage ist insbesondere dann klärungsbedürftig, wenn sie wegen Unklarheiten im Gesetz zweifelhaft oder umstritten ist. Zwischen Prüfung, ob dies der Fall ist, sind auch die zu den einschlägigen Vorschriften vorhandene Rechtsprechung und Erläuterungen dazu in der Literatur zu berücksichtigen.[35] Klärungsbedürftigkeit fehlt, wenn die Rechtslage eindeutig ist und die widersprechende Auffassung eines anderen Beteiligten abwegig erscheint.[36] Gleiches gilt, wenn bei Vorliegen einer gefestigten Rechtsprechung keine beachtlichen Gesichtspunkte für deren erneute Prüfung vorgetragen werden[37] bzw. nur auf kritische Stimmen hin, die keine neuen Überlegungen zu der Rechtsfrage anstellen. Hat die höchstrichterliche Rechtsprechung jedoch Widerspruch in Finanzgerichtsbarkeit oder Schrifttum erfahren und werden gegen sie nicht von vornherein abwegige, beachtliche neue, vom Revisionsgericht bisher nicht erwogene Gesichtspunkte vorgebracht, so ist die Rechtsfrage klärungsbedürftig.[38] Dies ist jedoch nicht deshalb schon anzuzweifeln, weil der BFH noch nicht über einen Sachverhalt der streitigen Art entschieden hat.[39] Bei Abweichungen des FG von einer nicht tragenden Aussage des BFH wird in der Regel die Zulassung wegen grundsätzlicher Bedeutung begründet.[40] Dasselbe gilt, wenn das FG von der Rechtsprechung eines anderen obersten Bundesgerichts, dazu gehören BAG, BFH, BVerwG, BSozG, oder des EuGH abgewichen ist. Der Zulassung steht in letzterem Fall nicht entgegen, dass die Streitfrage letztlich nur vom EuGH entschieden werden kann.[41]

Wenn aufgrund eines Nichtanwendungserlasses die Finanzverwaltung einer Entscheidung des BFH nicht folgt, unterscheidet man folgende Sachverhalte: Im Falle dass FG sich in einem entscheidungserheblichen Streitpunkt der Verwaltungsauffassung anschließt, somit also vom BFH abweicht, dann ist die Revision nicht wegen grundsätzlicher Bedeutung sondern wegen § 115 Abs. 2 Nr. 2, 2. Alternative FGO n. F. zuzulassen. Inwieweit die Finanzbehörde einen Nichtanwendungserlass zugunsten des Steuerpflichtigen berücksichtigen muss, unterliegt einer
Beurteilung im Einzelfall und fällt dann nicht unter die grundsätzliche Bedeutung.[42]

---

[34] vgl. BFH-Urteil vom 29..3.1995, II B 129/94, BFH/NV 1995, S. 910; Kummer, P. (1990), Rz. 106

[35] vgl. BFH-Urteil vom 20.4.1977, I B 34/69, BStBl. II 1977, S. 608

[36] vgl. BFH-Urteil vom 5.9.1990, IV B 169/89, BStBl. II 1990, S. 1059; BFH-Urteil vom 27.2.1991, II B 27/90, BStBl. II 1991, S. 465

[37] vgl. BFH-Urteil vom 7.12.1988, VIII B 71/88, BStBl. II 1989, S. 566

[38] vgl. BFH-Urteil vom 5.11.2001, VIII B 50/01, Haufe Index 665089, BFH-Urteil vom 12.9.1996, V III B 16/96, BFH/NV 1997, S. 245; BFH-Urteil vom 28.7.1997, VIII B 68/96, BFH/NV 1998, S. 29

[39] vgl. BFH-Urteil vom 16.10.1996, II B 35/96, BFH/NV 1997, S. 193

[40] vgl. Seer, R. (2001), Tz. 47; Ruban, R. (2002), Rz. 23

[41] vgl. Seer, R. (2001), Tz. 47

[42] vgl. Lange, H. F. (2001), Rz. 109

2.3.6 Klärungsfähigkeit/Entscheidungserheblichkeit

Die Rechtssache nur dann wegen grundsätzlicher Bedeutung zugelassen werden, wenn der BFH über sie überhaupt entscheiden darf und sie entscheidungserheblich ist.[43] Die Zulassungsvoraussetzung der Klärungsfähigkeit folgt aus den allgemeinen revisionsrechtlichen Vorschriften.[44] Der mit der Zulassung der Revision angestrebte Zweck kann nicht verwirklicht werden, wenn der BFH aus verfahrensrechtlichen Gründen an einer Entscheidung über die als grundsätzlich angesehene Rechtsfrage gehindert ist. So darf der BFH nicht über irrevisibles Recht entscheiden. Gegenstand der Rechtssache muss nach § 118 Abs. 1 FGO vielmehr entweder Bundesrecht oder solches Landesrecht sein, für das gemäß nach § 33 Abs.1 Nr. 4 FGO der Finanzrechtsweg eröffnet ist. Auch fehlt es an der Klärungsfähigkeit bei einer unzulässigen Klage,[45] außer die Rechtsfrage betrifft gerade eine Zulässigkeitsvoraussetzung. Nach § 118 Abs. 2 FGO ist der BFH an die Würdigung des Sachverhalts durch das FG gebunden, wenn diese nicht gegen Erfahrungssätze oder Denkgesetze verstoßen. Darum ist die Revision nicht zuzulassen, wenn von einer Entscheidung des BFH zwar möglicherweise eine weitere Rechtsklärung oder -fortbildung zu erwarten ist, die Beurteilung des konkreten Falles aber nur von der Würdigung der tatsächlichen Verhältnisse z. B. Vertragsauslegung abhängt.[46] Dasselbe gilt wenn der BFH in einem 2. Rechtsgang nicht anders entscheiden dürfte, weil er gemäss § 126 Abs. 5 FGO an seine im 1. Rechtsgang vertretene Rechtsauffassung gebunden ist.

Es ist nicht Aufgabe des Revisionsgerichts Rechtsfragen abstrakt zu klären. Darum muss die als klärungsbedürftig bezeichnete Rechtsfrage für den zu entscheidenden Fall auch rechtserheblich sein.[47] Entscheidungserheblichkeit besteht, wenn der Rechtsstreit von der Rechtsfrage abhängt. Es muss ein Klärung der Rechtsfrage zu erwarten sein. Die lediglich theoretische Möglichkeit der Klärung reicht nicht aus.[48] Sie ist dann nicht entscheidungserheblich, wenn es auf ihre Klärung im Revisionsverfahren nicht ankommt, weil das FG seine Entscheidung auch auf andere selbständige und für sich bereits tragende Rechtsgründe gestützt hat.[49] Dasselbe gilt nach dem BFH-Urteil vom 19.7.1999, V B 8/99, BFH/NV 2000, S. 192 wenn das FG-Urteil bereits aus anderen Gründen im Ergebnis richtig und die Revision deshalb gemäss § 126 Abs. 4 FGO zurückzuweisen ist. Nicht entscheidungserheblich ist eine Rechtsfrage, wenn nicht zu erwarten ist, dass durch die Revision eine Sachentscheidung herbeigeführt wird.[50] Die Revision ist zuzulassen, wenn der BFH im Revisi-

---

[43] vgl. BFH-Urteil vom 18.5.2000, VII B 36/99, BFH/NV 2000, S. 1355; Beermann, A. (2001), Tz. 108
[44] vgl. Ruban, R. (2002), Rz. 30
[45] vgl. BFH-Urteil vom 22.1.1993, III B 311/90, BFH/NV 1994, S. 713
[46] vgl. BFH-Urteil vom 15.6.2000, I X B 5/00, BFH/NV 2000, S. 1238
[47] vgl. Seer, R. (2001), Tz. 49-50; Ruban, R. (2002), Rz. 30
[48] vgl. BFH-Urteil vom 21.3.1994, V B 114/93, BFH/NV 1995, S. 603
[49] vgl. Beermann, A. (2001), Tz. 108
[50] vgl. Seer, R. (2001), Tz. 50; Beermann, A. (2001), Tz. 109

onsverfahren in bindender Weise zu der rechtsgrundsätzlichen Streitfrage Stellung ergreifen kann.[51]

2.4 Rechtsfortbildung § 115 Abs. 2 Nr. 2, 1. Alternative FGO n. F.

Der § 115 Abs. 2 Nr. 2, 1. Alternative konkretisiert den Zulassungsgrund der Nr. 1. Bilsdorfer sagt über diesen Zulassungsgrund, dass er nicht unbedingt eine Erweitung der Revisionsgründe darstelle, jedoch immerhin eine Revisionserweiterungsmöglichkeit mit sich bringt.[52] In den Fällen, in denen bisher noch über ungeklärte Rechtsfragen zu entscheiden ist oder wenn gegen eine bestehende höchst-richterliche Rechtsprechung gewichtige Argumente vorgetragen worden sind, die vom BFH noch nicht erwogen wurden, dann ist eine Entscheidung des BFH zur Fortbildung des Rechts erforderlich. Dabei genügt es nicht für die Zulassung, dass der BFH sich bisher noch nicht zu der Rechtsfrage geäußert hat.[53] Beermann und meiner Meinung nach, ist es völlig ausreichend für die Notwendigkeit eines Urteils aus Rechtsfortbildungsgründen, wenn noch keine BFH-Entscheidung für einen Fall vorhanden ist und Gesetzeslücken kein eindeutiges Ergebnis zulassen.[54] „Erforderlich" wird die Zulassung der Revision nach der Nr. 2 , wenn die bisher nicht höchstrichterlich entschiedene Rechtsfrage zweifelhaft ist. Es fehlt daran, wenn die Rechtsfrage eindeutig in einem bestimmten Sinn zu beantworten ist. Hierbei ist der Begriff der „Rechtsfortbildung" nicht nur im engen Sinn der rechtsschöpferischen Ausfüllung von Gesetzeslücken zu verstehen. Der Begriff umfasst die Erarbeitung oder Weiterentwicklung von Rechtsgrundsätzen zur Auslegung der im konkreten Fall anzuwendende Rechtsnormen.[55] Genauso stimme ich mit Beermann überein, dass Entscheidungen verhindert werden sollen, die zu einem offenbar unrichtigen bzw. unvernünftigem Ergebnis führen. Ebenso wie der Zulassungsgrund des Abs. 2 Nr. 1 erfordert auch der Abs. 2 Nr. 2, 1. Alternative ein Allgemeininteresse an der Klärung der Rechtsfrage. Die Rechtssache muss über den Einzelfall hinaus bedeutsam sein. Dies ist nicht der Fall, wenn die Entscheidung des Streitfalls maßgeblich von den tatsächlichen Besonderheiten des Einzelfalls abhängt. Für diesen Zulassungsgrund gilt ebenso, dass es sich um eine klärungsbedürftige, entscheidungserhebliche und klärbare Rechtsfrage handeln muss. Für die Rechtsfrage muss in einem künftigen Revisionsverfahren Klärung zu erwarten sein.[56]

---

[51] vgl. Seer, R. (2001), Tz. 49, 50; Ruban, R. (2002), Rz. 30-32
[52] vgl. Bilsdorfer, P. (2001), S. 753, 757
[53] a. A. Beermann, A.(2000) S. 773, 776
[54] vgl. Berrmann, A. (2000), Rz. 114
[55] a. A. Beermann, A. (2001) Rz. 112
[56] vgl. Ruban, R. (2002), Rz. 41

2.5 Sicherung der Rechtseinheit § 115 Abs. 2 Nr. 2, 2. Alternative

2.5.1 Allgemeines, Verhältnis zur Grundsatzzulassung

Eine Zulassung nach Abs. 2 Nr.2, 2. Alternative dient vordergründig der Beseitigung oder Verhinderung einer unterschiedlichen Rechtsprechung.[57] Bei den nunmehr bestehenden 19 Finanzgerichten, ist die Wahrung der Rechtseinheit ein besonders wichtiger Zulassungsgrund. [58] Ebenso wie bei Abs. 2 Nr. 1 ist maßgeblich, ob ein allgemeines Interesse an der Entscheidung des Revisionsgerichts vorliegt. Das zeigt sich schon daraus, das der Zulassungsgrund „Sicherung der einheitlichen Rechtssprechung" auch ein Wesensmerkmal der Zulassung wegen grundsätzlicher Bedeutung ist. Aus der teilweisen Deckungsgleichheit der Zulässigkeitsgründe in Abs. 2 Nr. 1 und 2 ist abzuleiten, dass die allgemeinen Zulässigkeitsvoraussetzungen der Klärungsfähigkeit und der zu erwartenden Klärung auch für die Zulassung zur Sicherung der Rechtseinheit gelten. Eine Zulassung nach § 115 Abs. 2 Nr. 2 FGO n. F. kommt auch nur in Frage wenn der BFH nicht durch das Verfahrensrecht gehindert ist, die Einheitlichkeit der Rechtsprechung im künftigen Revisions-verfahren wiederherzustellen, etwa weil die Rechtsfrage irrevisibles Recht betrifft. Die Klärungsbedürftigkeit der Rechtsfrage ist zu bejahen, in Fällen in denen Abweichungen des angefochtenen Urteils von der Rechtsprechung der Gerichte vorliegt (Divergenz). In diesen Fällen liegen im Interesse der Allgemeinheit, dass die geltenden Gesetze, insbesondere die des Steuerrechts, von allen Gerichten der Finanzgerichtsbarkeit einheitlich ausgelegt werden. Dies entsprach auch der zu § 115 Abs. 2 Nr. 2 FGO a. F. vertretenen Ansicht. Die grundsätzliche Bedeutung der Rechtssache wurde in den Fällen der Divergenz von Gerichts wegen unwiderlegbar indiziert.[59] Die geltende Fassung des Abs. 2 Nr. 2 n. F. ist weniger eindeutig. Nach dem Wortlaut ist die Zulassung nicht in jedem Fall der Abweichung eines FG von der Entscheidung eines anderen Gerichts geboten, sondern nur dann, wenn sie zur Sicherung einer einheitlichen Rechsprechung „erforderlich" ist. Die Auslegung lässt zu, dass es Fälle gibt, bei denen das Allgemeininteresse einer Korrektur durch das Revisionsgericht zu ihr erfordert, z. B. wenn die abweichend entschiedene Rechtsfrage ausgelaufenes Recht betrifft oder sich nur auf eine nicht tragende Aussage (obiter dictum) des Revisionsgerichts bezieht.[60]

Eine weitere Veränderung gegenüber der bisherigen Fassung des § 115 Abs. 2 Nr. 2 FGO ist, dass in diesen Fällen nicht zwingend eine ‚Störung der Rechtseinheit durch divergierende Entscheidungen verschiedener Gerichte eingetreten sein muss. Die Rechtseinheit kann auch „vorbeugend" gesichert werden. Dies ist der Fall, wenn erstmals höchstrichterlich über eine zweifelhafte Rechtsfrage zu entscheiden ist, die sich beispielsweise aufgrund von Gesetzesänderungen ergeben hat. Die frühzeitige Klärung dieser Frage durch den BFH dient dann nicht nur der Rechtsfortbildung im weiteren Sinne,

[57] vgl. BFH-Urteil vom 4.10.2001, X B 93/01, BFH/NV 2002, S. 190
[58] vgl. List, H. (2000a), S. 1504
[59] vgl. BFH-Urteil vom 28.4.1988, V B 11/88, BStBl. II 1988, S. 734
[60] vgl. Ruban, R (2002), Rz. 44; a. A. Schmidt, K. (2001), Tz. 18

sondern auch der Sicherung der einheitlichen Rechtsprechung, da künftige unterschiedliche Entscheidungen der FG über dieselbe Rechtsfrage durch eine Leitentscheidung des BFH vermieden werden können. In der Regel wird dieser Zulassungsgrund vor allem zu prüfen sein, wenn das anzufechtende FG-Urteil von einer vorliegenden Entscheidung des BFH oder eines anderen FG abweicht. Beim Abs.2 Nr.2 ist bei der Auslegung der Zweck dieser Zulassungsnorm zu beachten. Bei einem wörtlichen Verständnis des Abs. 2 Nr. 2 wird die Einheitlichkeit der Rechtsanwendung durch jede unrichtige Entscheidung einen Einzelfalls gestört. Daraus folgt, dass jeder Rechtsfehler des FG zur Zulassung nach Abs. 2 Nr. 2 führen müsste. Eine dementsprechende Auslegung wäre mit der Zulassungsnorm nicht vereinbar. Sie entspricht auch nicht dem Willen des Gesetzgebers. Die einheitliche Rechtsprechung wird nicht durch Subsumtionsfehler des FG bei der Anwendung des materiellen oder formellen Rechts auf den konkreten Einzelfall gestört, sondern erst wenn das FG seinem Urteil einen abstrakten Rechtssatz zugrunde legt und dieser mit den entscheidungserheblichen Rechtsausführungen an der divergenzfähigen Entscheidung des BFH oder eines anderen Gerichtes übereinstimmt.[61]

2.5.2 Zulassung wegen Abweichung

Der Zulassungsgrund der Divergenz setzt nach altem wie neuem Recht voraus, dass den widersprechenden Entscheidungen im wesentlichen gleichgelagerte Sachverhalte zugrunde liegen müssen,[62] im Urteil des FG dieselbe Rechtsfrage wie in der Divergenzentscheidung entschieden wurde und das die abweichend beantwortete Rechtsfrage für beide Entscheidungen erheblich war. Zusätzlich muss die Entscheidung des BFH zur Wahrung der Rechtseinheit erforderlich sein.

2.5.2.1 Mögliche Divergenzentscheidungen

Anders als § 115 Abs. 2 Nr. 2 FGO n. F. enthält der Zulassungstatbestand „Sicherung der Rechtseinheit" keine Einschränkung der möglichen Divergenzentscheidungen. Dies lasst den Schluss zu, das die Revision nicht nur im Falle der Abweichung des FG von Entscheidungen des BFH, des GmS oder des BVerfG, sondern auch bei einer Abweichung von der Entscheidung eines anderen obersten Bundesgerichts, des EuGH oder auch eines anderen FG nach Abs. 2 Nr. 2 zuzulassen ist, von Gerichtsentscheidungen sofern die übrigen Voraussetzungen dieses Tatbestands erfüllt sind. Die Abweichung anderer Gerichtszweige genügt nicht, denn § 115 FGO soll primär der Einheitlichkeit innerhalb der Finanzgerichtsbarkeit dienen. Nach der bis zum 31.12.2000 geltenden Fassung des § 115 Abs. 2 FGO wird in Fällen der Abweichung von Entscheidungen anderer als der ausdrücklich genannten obersten Bundesgerichte die Revision nach § 115 Abs. 2 Nr. 1 FGO wegen grundsätzli-

---

[61] vgl. Ruban, R. (2002), Rz. 43-46
[62] vgl. BFH-Urteil vom 28.8.2001, X B 60/01, BFH/NV 2002, S. 347

cher Bedeutung zugelassen. Die Abweichung von Entscheidungen rechtfertigt nicht die Zulassung nach Abs. 2 Nr.2.

Die Divergenzentscheidung kann ein Urteil oder ein Beschluss sein, in denen über eine revisible Rechtsfrage entschieden wird. Daran fehlt es bei einer Kostenentscheidung oder dem Beschluss über die Zulassung der Revision.[63] Es ist nicht ausschlaggebend, ob die Entscheidung amtlich öffentlicht oder auf andere Weise bekannt gemacht worden ist. Eine Abweichung von einem im Verfahren der AdV ergangenen Beschluss des BFH kann eine Divergenz im Sinne des § 115 Abs. 2 Nr. 2 begründen, insbesondere, wenn der BFH „ernstliche Zweifel" verneint hat.[64]

Maßgeblich für das Vorliegen einer Abweichung ist der Stand der Rechtsprechung zum Zeitpunkt der Entscheidung über die Zulassung. Frühere Entscheidungen, die durch die neuere Rechtsprechung des jeweiligen Gerichts überholt sind, können eine Divergenz nicht begründen. Wenn jedoch abweichende Entscheidungen verschiedener Senate des BFH vorliegen, ohne dass die Divergenz durch Zustimmung des Senats, der früher entschieden hat, ausgeräumt ist, so darf das FG von keiner seiner Entscheidungen abweichen, ohne die Revision zuzulassen.[65]

Nach zutreffender h M. ist die Revision nicht wegen Divergenz, sondern wegen Verfahrensmangels zuzulassen, wenn ein FG nach Zurückverweisung der Sache durch den BFH im zweiten Rechtsgang bei der Beurteilung der Rechtsfrage seine Bindung an die Rechtsauffassung des BFH nach § 126 Abs. 5 FGO missachtet.[66]

2.5.2.2 Abweichung in einer Rechtsfrage

Eine die Rechtseinheit gefährdende Abweichung liegt nur vor, wenn das FG bei gleichem oder vergleichbarem Sachverhalt in einer entscheidungserheblichen Rechtsfrage eine andere Rechtsauffassung vertritt als der BFH, GmS, BVerfG oder eine anderes oberstes Bundesgericht oder ein anderes FG. Eine Divergenz für die Würdigung von Tatsachen genügt nicht. Die Rechtsfrage kann dem materiellen oder dem Verfahrensrecht angehören.

Das FG muss seiner Entscheidung einen abstrakten Rechtssatz zugrunde gelegt haben, der mit den tragenden Rechtsausführungen in der Divergenzentscheidung des anderen Gerichts nicht übereinstimmt.[67] Das FG muss in jedem Fall die Rechtsfrage aber entschieden und darf sie nicht übersehen

---

[63] vgl. BFH-Urteil vom 12.11.1993, III B 234/92, BStBl. II 1994, S. 401
[64] vgl. BFH-Urteil vom 4.5.1999, IX B 38/99, BStBl. II 1999, S. 587
[65] vgl. Offenhaus, K. Rz. 58; Ruban, R. (2002), Rz. 49-51
[66] vgl. BFH-Urteil vom 11..2.1987, II B 140/86, BStBl. 1987, S. 344
[67] vgl. BFH-Urteil vom 4.5.2000, I B 121/99, BFH/NV 2000, S. 1477

haben. Auch nur beiläufige Äußerung einer von der Rechtsprechung des BFH abweichender Recht-ansicht (obiter dictum) begründet keine Divergenz.

Keine Abweichung liegt vor, wenn das FG erkennbar von den Rechtsgrundsätzen der BFH-Rechtsprechung ausgeht, diese aber fehlerhaft auf die Besonderheiten des Streitfalls anwendet.[68] Nicht die Unrichtigkeit des Urteils im Einzelfall, sondern die Nichtübereinstimmung im Grundsätzli-chen rechtfertigt die Zulassung nach Abs. 2 Nr. 2. Bloße Subsumtionsfehler sind unbeachtlich.[69] Seer vertritt diese Ansicht nicht, da Divergenz sich auch auf das Entscheidungsergebnis beziehe, ein Ausnahmefall liegt erst im Fall einer Willkürentscheidung vor, es genügt, wenn die Abweichung ob-jektiv vorliegt.[70] Meiner Meinung nach bezieht sich Divergenz auch auf das Entscheidungsergebnis, da nicht nur das „grundsätzliche" wie die Gesetzesnorm ausschlaggebend ist, sondern auch immer die einzelnen Sachverhalte mit betrachtet werden müssen. D. h. es nutzt ja nichts, wenn den Rechtsgrundsätzen gefolgt wird, jedoch das Ergebnis falsch ist.

Sinn dieses Zulassungsgrundes ist es nicht, ein „bewusstes Sicherheitsgesetz" über die Rechtspre-chung des BFH zu erfassen, sondern die gestörte Rechtseinheit wiederherzustellen. Soweit die Auf-fassung vertreten wird, bei einem unbewussten Abweichen des Gerichts von der höchstrichterlichen Rechtsprechung sei die Einheitlichkeit der Rechtsprechung gefährdet, um die Gefahr wiederholter Abweichungen in derselben Rechtsfrage bestehe kann dieser Auffassung für die Auslegung des § 115 Abs. 2 Nr. 2 FGO nicht gefolgt werden.[71]

2.5.2.3 Identität der Rechtsfrage

Nur wenn dieselbe Rechtsfrage im Urteil des Finanzgerichts unterschiedlich beantwortet wurde, liegt Divergenz vor. Die Zulassung nach Abs.2 Nr. 2 rechtfertigende Divergenz kann gegeben sein, wenn die voneinander divergierenden Entscheidungen die gleiche Rechtsfrage in verschiedenen Rechts-normen mit dem gleichen gesetzlichen Tatbestand unterschiedlich beantwortet haben.[72] In Fällen der Divergenzprüfung sollte der Normzweck und der unterschiedliche Bedeutungs-zusammenhang der jeweiligen Vorschriften auch bei gleichem Wortlaut eine unterschiedliche Auslegung rechtfertigen. Wenn dies so ist, ist keine Abweichung vorhanden. Falls zweifelhaft ist, ob die verschiedenen Rechtsnormen mit gleichem Tatbestand ergangenen Entscheidungen tatsächlich dieselbe Rechts-frage beurteilt haben, ist die Revision nicht wegen Divergenz, sondern nach Abs. 2 Nr. 1 zuzulas-sen.[73]

---

[68] vgl. BFH-Urteil vom 22.5.2000, III B 97/99, BFH/NV 2000, S. 1203
[69] vgl. Ruban, R. (2002), Rz. 55
[70] vgl. Offenhaus, K. Rz. 46
[71] Grund: siehe 2.5.2.5
[72] vgl. BFH-Urteil vom 25.1.1971, Gr. S. 6/70, BStBl. II 1971, S. 274; Pietzner, R. (1998) Rz. 75
[73] vgl. Ruban, R. (2002), Rz. 58

2.5.2.4 Erheblichkeit der Abweichung

Nach § 115 Abs. 2 Nr. 2 FGO a. F. war die Revision zuzulassen, wenn die Entscheidung des FG auf der entscheidungserheblichen Abweichung beruhte. Es hat gereicht, wenn ein ursächlicher Zusammenhang zwischen dem Abweichen und der Entscheidung nicht auszuschließen war. Jetzt ist das Merkmal, dass das Urteil des FG auf einer Abweichung „beruhte" nicht mehr zwingend erforderlich. Dies bedeutete nichts anderes, als das die Entscheidung ihrem tragenden Inhalt und ihrer Begründung nach in vollem Umfange entfallen musste, wenn die Abweichung der Rechtauffassung fortgedacht werden würde. [74]

Für das Maß der Abweichung reicht ein objektives Abweichen aus. Auf irgendwelche subjektive Momente kommt es nicht an. Deshalb kommt es auf das bewusste bzw. unbewusste Abweichen des FG von einer anderen Entscheidung des BFH nicht an. Sollten begründete Zweifel an einer Abweichung oder Streit über eine Abweichung bestehen, liegt die Klärung der Rechtsfrage im Interesse der Rechtsschutzabwägung im Einzelfall als auch im Interesse der Allgemeinheit an der Wahrung der Rechtseinheit, auch ohne BFH die Rechtslage klarzustellen.[75] Des weiteren erfasst dieser Paragraph auch den Fall, dass das FG im 2. Rechtsgang bei der Beurteilung einer Rechtsfrage seine Bindung nach § 126 Abs. 5 FGO missachtet. [76]

Nicht mehr liegt eine Abweichung vor, wenn BFH, BVerfG oder GmSOGB nach Ergehen des FG-Urteils eine neuere Entscheidung erlassen, die nunmehr wer Änderung oder Aufgabe der früheren Rechtsauffassung mit der Rechtsansicht des FG in dem bis dahin abweichenden Urteil übereinstimmt. Es fehlt an einer Divergenz, wenn das FG zwar Zweifel an der übrigen Rechtsprechung in seiner Entscheidung äußert, sich aber letztlich dieser Rechtsauffassung doch anschließt oder sie lediglich durch zusätzliche Erwägungen ergänzt. Unter Gültigkeit der Neufassung kann sich die Erfordernis nach Sicherung einer einheitlichen Rechtsprechung dadurch ergeben, dass das FG von einem höchstrichterliche Rechtsprechung zwar nicht tragend aber dennoch abweicht.[77]

2.5.2.5 Erforderlichkeit einer Entscheidung des BFH

Wenn eine Entscheidung des BFH erforderlich ist, um die Einheitlichkeit der Rechtsprechung zu sichern, ist die Revision nach § 115 Abs. 2 Nr. 2, Alternative 2 FGO zuzulassen. Es mangelt an der

---

[74] vgl. Ruban, R. (2002), Rz. 80
[75] vgl. Offerhaus, K. Tz. 55
[76] vgl. Seer, R. (2001), Tz. 78; Ruban, R. (2002), Rz. 59-64
[77] vgl. Seer, R. (2001), Tz. 77-79

Erforderlichkeit, wenn die divergierend beurteilte Rechtsfrage durch den BFH gar nicht geklärt werden kann. Dann liegt mangelnde Klärungsfähigkeit vor. Ferner ist es in diesem Bereich nicht Aufgabe des BFH, Rechtsfragen abstrakt zu klären. Diese müssen demzufolge rechtserheblich/entscheidungserheblich sein. Hier lässt sich damit eine Parallele zum Merkmal des Beruhens in § 115 Abs. 2 Nr. 2 FGO a. F. feststellen. Ferner wird in Fällen der sogenannten kumulativen Mehrfachbegründung, sowohl eine BFH-Entscheidung zur Sicherung der Einheitlichkeit der Rechtsprechung nur dann erforderlich, wenn sich die Divergenz/Rechtsunsicherheit auf jede der für sich selbständig-tragenden Begründungen auswirkt. Entsprechendes ist anzuwenden, wenn das FG der Hauptbegründung noch eine Hilfsbegründung beigefügt hat.[78] Davon zu differenzieren sind sogenannte alternative Mehrfachbegründungen, die nicht selbständig, sondern nur gemeinsam die Entscheidung des FG tragen. Die Entscheidung des BFH zur Sicherung der Einheitlichkeit der Rechtsprechung ist bereits dann erforderlich, wenn eine der Begründungen des FG divergiert. Der vermutliche Ausgang des künftigen Revisionsverfahrens spielt für die Erforderlichkeit keine Rolle.[79]

2.5.3 Zulassung bei Willkürentscheidungen

Die Revision ist nach § 115 Abs. 2 Nr. 2, 2. Alternative FGO n. F. gleichwohl ausnahmsweise zuzulassen, wenn die Auslegung oder Anwendung des revisiblen Rechts durch das FG im Einzelfall objektiv willkürlich ist und den Beschwerdeführer in seinem Grundrecht aus Art. 3 Abs. 1 GG verletzt.[80] Die Zulassung erfolgt in diesem Fall im Hinblick auf das Gebot der verfassungskonformen Auslegung prozessualer Vorschriften und aus dem Gesichtspunkt der Subsidiarität der Verfassungsbeschwerde. Zunächst ist es Aufgabe der Finanzgerichtsbarkeit im Rahmen der jeweils maßgeblichen Verfahrensordnung die Grundrechte der Beteiligten zu wahren und durchzusetzen.[81]

Die Grenze zur willkür ist nicht überschritten, wenn das FG mit seiner Rechtsauffassung von der h. M. abweicht. Willkür liegt erst vor, wenn die Rechtslage in krasser Weise verkannt wird. Insbesondere wenn der Richterspruch unter keinem denkbaren Aspekt rechtlich vertretbar ist und sich daher der Schluss aufdrängt, er beruhe auf sachfremden Erwägungen.[82] Festzustellen ist dies an objektiven Kriterien. Ein schuldhaftes Handeln des Richters ist dafür nicht erforderlich. Nur in Ausnahmefällen wird in der Praxis die Revision wegen Verletzung des Willkürverbots zugelassen.[83]

---

[78] vgl. Beermann , A. (2001) Tz.124
[79] vgl. Seer, R. (2001), Tz. 81, 82
[80] vgl. Rüsken, R. (2000), S. 815, 819 ff.
[81] vgl. BverfG Beschluss vom 11.10.1978, 2 BvR 214/76, NJW 1979, S. 539
[82] vgl. BverfGE vom 26.4.1967, VIII C 52/65, BFHE 1967, S. 90
[83] vgl. Ruban, R. (2002), Rz. 68, 69

2.6 Zulassung wegen Verfahrensmangels § 115 Abs. 2 Nr. 3 FGO

2.6.1 Zweck der Verfahrensrevision; Verhältnis zu Abs. 2 Nr. 1 und 2

Anders als die Zulassung zur Entscheidung von Grundsatzfragen oder zur Sicherung der Rechtseinheit dient der Zulassungsgrund des Abs. 2 Nr. 3 in besonderem Maße dem Individualrechtsschutz und der Einzelfallgerechtigkeit.[84] Damit ist den Beteiligten die Möglichkeit eröffnet, Verfahrensmängel, die möglicherweise das Ergebnis der Entscheidung beeinflusst haben, in einer weiteren Instanz zu rügen. Gleichzeitig dient dieser Zulassungsgrund einer Verfahrensaufsicht über die Instanzgerichte[85] und damit dem Allgemeininteresse an einem fairen, gesetzmäßigen Gerichtsverfahren, das Voraussetzung für die Aktzeptanz einer Gerichts-entscheidung und das Vertrauen in die Rechtsprechung ist. Der Zulassungsgrund wegen Verfahrensmangel ist auch ein wichtiges Korrektiv für die fehlende zweite Tatsacheninstanz im finanzgerichtlichen Verfahren. Schließlich dient die Verfahrensrevision der Entlastung des Bundesverfassungsgerichts, da ein Verstoß der FG gegen Verfahrensgrundrechte mit der NZB gerügt und gegebenenfalls im Revisionsverfahren korrigiert werden kann.[86] Nach Abschaffung der zulassungsfreien Verfahrensrevision sind nunmehr auch die wesentlichen Verfahrensmängel im Sinne des § 116 a. F. mit der NZB als Zulassungsgrund im Sinne des § 115 Abs. 2 Nr. 3 FGO n. F. geltend zu machen.

Der Abs. 2 Nr. 3 schließt die Grundsatz- und Divergenzrevision nicht aus. Die Auslegung der Verfahrensvorschrift kann grundsätzliche Bedeutung haben oder Gegenstand einer Divergenz sein.[87] Falls jedoch mit einer NZB geltend gemacht wird, das FG habe eine Vorschrift des Gerichtsverfahrensrechts unzutreffend ausgelegt oder angewendet, und wird zugleich schlüssig vorgetragen, die Auslegung der betreffenden Verfahrensvorschrift habe grundsätzliche Bedeutung, so hat die Zulassung nach Abs. 2 Nr. 1 Vorrang, vor der Zulassung nach Abs. 2 Nr. 3. In diesem Fall darf der BFH nicht von der Regelung des § 116 Abs. 6 FGO Gebrauch machen. Denn der Sinn dieser Vorschrift ist es nicht, dem BFH eine Entscheidung über grundsätzliche Rechtsfragen in der für Beschlüsse vorgesehenen Besetzung mit drei Richtern zu ermöglichen.[88] Wird dagegen mit der NZB schlüssig geltend gemacht, das FG sei bei der Auslegung einer Vorschrift des Gerichtsverfahrensrechts von der Rechtsprechung des BFH abgewichen und die streitige Rechtsfrage bereits höchstrichterlich geklärt. Dann kann durch Beschluss zurückverwiesen werden.[89]

2.6.2 Begriff des Verfahrensmangels

---

[84] vgl. Pietzner, R.(1998), Rz. 83; Ruban, R. (2002), Rz. 73
[85] vgl. BverwG Urteil vom 30.5.1995, 5 U 63/94, NJW Z rr 1996, S. 359; Schenke, W. R. (2000) Rz.20
[86] vgl. Beermann, A. (2001), Rz 130, 131; Ruban, R. (2002); Rz. 73
[87] vgl. Seer, R. (2001), Tz. 72
[88] vgl. Pietzner, R. (1998) Rz. 86
[89] vgl. Pietzner, R. (1998) Rz 86; Ruban,R (2002), Rz. 74

Verfahrensmängel im Sinne des § 115 Abs. 2 Nr. 3 FGO n. F sind Verstöße des FG gegen Vorschriften des Gerichtsverfahrensrechts.[90] Nach altem wie nach neuem Recht ist ein Verfahrensmangel gegeben, wenn die Rüge einen Pozessverstoß bezeichnet, bei dessen Vermeidung die Möglichkeit besteht, das ein anderer Verfahrensgang möglich erscheint.[91] Eine Einschränkung gilt nur, wenn und soweit Normen des Gerichtsverfahrensrechts einen sachlichen Bezug zum materiellen Recht haben, wie z. B. §§ 76, 96 FGO. Soweit mit der Revision oder der NZB Verstöße gegen diese Vorschriften mit der einer fehlerhaften Beweiswürdigung gerügt werden, ist dieser Mangel revisionsrechtlich dem materiellen Recht zuzuordnen.[92] Dies gilt nach der Rechtsprechung des BFH auch dann, wenn der behauptete Mangel sich nicht auf die rechtliche Subsumtion, sondern auf die Würdigung von Tatsachen erstreckt.[93] Dagegen kommt eine Verfahrensrüge in Betracht, wenn das FG die Beweiswürdigung vorweggenommen hat[94] bzw. sich zu Unrecht an bestimmte Beweisregeln gebunden gefühlt hat oder nicht alle Umstände berücksichtigt hat, die in die Beweiswürdigung hätten einfließen müssen.[95]

Zu den beachtlichen Verfahrensmangeln zählen Sachaufklärungsmängel, Verletzung des rechtlichen Gehörs, Verstöße gegen das Gebot des gesetzlichen Richters, Verstoß gegen das Gebot vorschriftsmäßiger Vertretung, Verstoß gegen den Grundsatz der Öffentlichkeit, fehlende Entscheidungsgründe, Unterlassung einer notwendigen Beiladung (aber heilbar durch Nachholung), Fehlerhafte Entscheidung über die Aussetzung des Verfahrens und Verfahrensmängel bei der Entscheidung über die Klage. Zu den einzelnen Punkten werde ich kurz einige Erläuterungen geben.

Ein Sachaufklärungsmangel und damit ein Verstoß gegen § 76 Abs. 1 FGO liegt vor, wenn das FG gegen die Pflicht verstößt, den entscheidungserheblichen Sachverhalt unter Ausnutzung aller verfügbaren Beweismittel möglicht vollständig zu erforschen. Insbesondere liegt ein Verstoß vor, wenn das FG einen entscheidungserheblichen Beweisantrag übergeht oder aufgrund eines Rechtsirrtums ablehnt. Ein weiteres Beispiel wäre die Verletzung des Grundsatzes der formellen und materiellen Unmittelbarkeit der Beweisaufnahme.[96] Auch der Verzicht auf die Einholung eines Sachverständigengutachtens fällt darunter, wenn dem zuständigen Richter die besondere Sachkunde fehlt. Kein Verfahrensmangel liegt beispielsweise vor, wenn der Kläger in der mündlichen Verhandlung vor dem FG nur ihm bekannte Tatsachen nicht vorträgt.[97]

---

[90] vgl. BFH-Urteil vom 18.5.2000, VII B 36/99, BFH/NV 2000, S. 1355; Seer, R. (2001), Tz. 76
[91] vgl. BFH-Urteil vom 6.9.2001, X B 47/01, BFH/NV 2002, S. 350
[92] vgl. Rätke, B. (2000), S. 246, 251; Beermann, A. (2001) Rz 138
[93] vgl. BFH-Urteil vom 14.12.1999, IV B 76/99, BFH/NV 2000, S. 848; BFH-Urteil vom 9.5.2000, X B 75/99, BFH/NV 2000, S. 1458
[94] vgl. BFH-Urteil vom 17.12.1999, VII B 183/99, BFH/NV 2000, S. 597
[95] vgl. BFH-Urteil vom 9.5.2000, X B 75/99, BFH/NV 2000, S. 1458; Seer, R. (2001), Tz. 92; Ruban, R. (2002), Rz. 76
[96] vgl. BFH-Urteil vom 12.6.1991, III R 106/87, BStBl. II 1991, S. 806
[97] vgl. BFH-Urteil vom 7.9.2001, VI B 74/01, VI B 75/01, BFH/NV 2002, S. 351

Ein absoluter Revisionsgrund ist die Versagung rechtlichen Gehörs. Ein Verfahrensmangel im Sinne des § 115 Abs. 2 Nr. 3 FGO liegt vor, wenn ein Beteiligter nicht hinreichend Gelegenheit erhält, sich zu entscheidungserheblichen Tatsachen oder Beweisergebnissen zu äußern (§ 96 Abs. 2 FGO) oder wenn das FG dessen Äußerungen zu entscheidungserheblichen Fragen nicht zur Kenntnis nimmt bzw. nicht in Erwägung zieht. In dem Urteil vom 29.8.2001 wird als Verletzung des rechtlichen Gehörs angeführt, dass die Urteilsentscheidung in einem entscheidungserheblichen Punkt fehlende oder unzureichende Begründung aufweist. Das FG hat in diesem Fall seine rechtliche Erwägungen zur vorrangigen Frage der Korrekturbefugnis des Beklagten in nicht ausreichendem Maße dargelegt, die dazu erforderlichen Tatsachenfeststellungen nicht getroffen und somit gegen seine Begründungspflicht verstoßen.[98] Der Grundsatz rechtlichen Gehörs wird verletzt bei einer sogenannten Überraschungsentscheidung, sie stützt sich auf einen rechtlichen Gesichtspunkt, der nie angesprochen oder erörtert wurde.[99] Dasselbe gilt für die fehlerhafte Anwendung von Präklusionsvorschriften, wenn einem Beteiligten dadurch die Möglichkeit genommen wird, alles für die finanzgerichtliche Entscheidung erhebliche vorzutragen.[100]

Als absolute Revisionsgründe nennt § 119 Abs.1 und 2 FGO, wenn das erkennende Gericht nicht vorschriftsmäßig besetzt war, bei der Entscheidung ein Richter mitgewirkt hat, der von der Ausübung des Richteramts kraft Gesetzes ausgeschlossen oder wegen Besorgnis der Befangenheit mit Erfolg abgelehnt worden war. Bisher waren diese Verfahrensmängel nach § 116 Abs. 1 Nr. 1, 2 FGO a. F. zulassungsfrei revisibel. Seit 1.1.2001 bedarf es auch insoweit der Zulassung. Diese wird regelmäßig erst der BFH auf die NZB hin aussprechen.

Der Verstoß gegen das Gebot der vorschriftsmäßigen Vertretung wird als absoluter Revisionsgrund in § 119 Abs. 4 genannt. Seit dem 1.1.2001 begründet dieser Verfahrensfehler ebenfalls keine zulassungsfreie Revision nach § 116 Abs. 1 Nr.3 FGO a. F.. Vielmehr bedarf es der Zulassung.

Ebenfalls bisher als zulassungsfreie Verfahrensrevision behandelt nach § 116 Abs. 1 Nr. 4 FGO a. F. wurde der Verstoß gegen den Grundsatz der Öffentlichkeit. Nach h. M. ist die Zulassung der Öffentlichkeit nach § 155 i. V. mit § 295 Abs. 1 ZPO nicht notwendig.

Fehlende Entscheidungsgründe erklärt § 119 Nr. 6 FGO zum absoluten Revisionsgrund, wenn das FG-Urteil ohne Entscheidungsgründe erlassen worden ist. Nach Abschaffung der zulassungsfreien

---

[98] vgl. BFH-Urteil vom 29.8.2001, X B 36/01, BFH/NV 2002, S. 348
[99] vgl. BFH-Urteil vom 23.2.2000, VIII R 80/98, BFH/NV 2000, S. 978
[100] vgl. BFH-Urteil vom 22.4.1995, IX R 6/94, BStBl. II 1995, S. 545

Verfahrensrevision § 116 Abs. 1 Nr. 5 FGO a. F. zum 1.1.2001, benötigt man nunmehr die Zulassung nach § 115 Abs. 2 Nr. 3 FGO n. F. Die Entscheidungsgründe sind unverzichtbar.

Nach § 96 Abs. 1 S. 1 FGO ist der finanzrichterlichen Überzeugungsbildung das „Gesamtergebnis des Verfahrens" zugrunde zu legen. Der Prozessstoff, der Gegenstand der Verhandlung war, ist vom FG quantitativ vollständig und qualitativ zutreffend zu erfassen, um Entscheidungsgrundlage zu werden. Ein Verfahrensfehler nach § 115 Abs. 2 Nr. 3 FGO n. F. mangels Überzeugungsbildung aus dem Gesamtergebnis des Verfahrens liegt vor, wenn das FG bei seiner Überzeugungsbildung nach den Akten klar feststehende Tatsache unberücksichtigt lässt oder bei seiner Entscheidung vom Nichtvorliegen einer solchen Tatsache ausgeht.[101] Weiterhin liegt ein Verfahrensfehler vor, wenn das FG bei seiner Überzeugungsbildung von einer Sachverhaltsunterstellung ausgeht, die nicht durch ausreichende tatsächliche Feststellungen getragen wird[102] oder wenn das FG die Sachprüfung unterlässt, weil es sich an die Rechtskraft einer früheren Entscheidung gebunden fühlt.[103]

Auch die Unterlassung einer notwendigen Beiladung nach § 60 Abs. 3 FGO stellt ein Verstoß gegen die Grundordnung des Verfahrens dar. Allein die objektive Verfahrenssituation ist maßgeblich. Es ist nicht ausschlaggebend, ob das FG von der Beiladung bewusst oder irrtümlich abgesehen hat, die Beiladung erkennen konnte oder sie erst durch eine NZB offenbar wurde.[104] Auf die notwendige Beiladung kann nicht verzichtet werden.[105] Dementsprechend droht kein Rügeverlust nach § 155 i. V. mit § 295 Abs. 1 ZPO. Der BFH hat die unterlassene notwendige Beiladung von Amts wegen als Verstoß gegen die Grundordnung des Verfahrens zu berücksichtigen. Seit dem 1.1.2001 ermöglicht § 123 Abs.1 S. 2 FGO dem BFH, erst noch im Revisionsverfahren beizuladen.

Zu den Verstößen zählt weiter die fehlerhafte Entscheidung über die Aussetzung des Verfahrens nach § 74 FGO. Dies bedeutet, dass das FG eine Sachentscheidung trifft, obwohl es das Klageverfahren nach § 74 FGO hätte aussetzen müssen. Hierbei handelt es sich um eine Ermessensentscheidung. Der Verfahrensmangel allerdings besteht schon, wenn das Ermessen durch das FG fehlerhaft ausgeübt worden ist.

Verfahrensmängel können auch bei der Entscheidung über die Klage auftreten. Dann wurde die Sachentscheidungsvoraussetzungen fehlerhaft vom FG beurteilt und zu Unrecht ein Prozessurteil statt eines Sachurteils gefällt. Gleiches gilt, wenn das FG bei Versäumung der Klagefrist einen An-

---

[101] vgl. BFH-Urteil vom 18.5.2000, VII B 36/99, BFH/NV 2000, S. 1355
[102] vgl. BFH-Urteil vom 6.12.1995, I R 111/94, BFH/NV 1996, S. 554
[103] vgl. Seer, R. (2001), Tz. 99
[104] vgl. BFH-Urteil vom 9.7.1992, IV R 55/90, BFH/NV 1993, S. 81
[105] vgl. BFH-Urteil vom 28.11.1974, I R 62/74, BStBl.. 1975, S. 209

trag auf Wiedereinsetzung nach § 56 FGO fehlerhaft ablehnt [106] oder das Fortsetzungs-
feststellungsinteresse zu Unrecht verneint hat.[107]

2.6.3 Nicht zu berücksichtigende Verfahrensmängel

Bestimmte Verfahrensmängel können im Zulassungsverfahren nicht berücksichtigt werden. Früher
gehörten dazu, die in § 116 FGO a. F. genannten absoluten Revisionsgründe, die mit der zulassungsfreien Verfahrensrevision zu rügen waren. Nunmehr sind alle absoluten Revisionsgründe nur
noch mit der NZB nach § 115 Abs. 2 Nr. 3 geltend zu machen.

Ausgeschlossen ist eine Verfahrensrüge, die lediglich die Nebenentscheidungen des finanzgerichtlichen Urteils betrifft. Unbeachtlich sind Verfahrensfehler, die nur die Kostenentscheidung[108] oder die
Entscheidung über die Zulassung der Revision berühren.[109] Auch Fehler in der Rechtsmittelbelehrung rechtfertigen die Zulassung nach § 115 Abs. 2 Nr. 3 FGO nicht.

Ferner ist der Beschwerdeführer ausgeschlossen, mit Verfahrensmängeln, auf deren Rüge er im
finanzgerichtlichen Verfahren wirksam verzichtet hat.

Nicht in Betracht kommt die Zulassung der Revision wegen Verfahrensmängeln die sich auf die Endurteile vorausgegangene Entscheidungen des FG beziehen. Insoweit mit diese Entscheidungen einer Nachprüfung im Revisionsverfahren entzogen sind. Dies trifft für Entscheidungen zu, die nach
den Vorschriften der FGO ausdrücklich für unanfechtbar erklärt werden, wie z. B. eine fehlerhafte
Gewährung der Wiedereinsetzung in den vorigen Stand, darüber hinaus aber auch für alle Verfügun-
gen und Beschlüsse des FG die nach § 128 Abs. 2 und 3 FGO nicht mit der Beschwerde angefoch-
ten werden können, also z. B. Beschlüsse über die AdV, soweit nicht die Beschwerde vom FG zugelassen wurde, Beschlüsse über Prozesskostenhilfe, über die Richterablehnung, über die Bestim-
mung einer Ausschlussfrist, über die Vertagung oder über die Einstellung des Verfahrens. Derartige
Entscheidungen begründen nur dann einen im Verfahren der NZB nachprüfbaren Verfahrensmangel,
wenn das FG sie willkürlich, also ohne ausreichenden sachlichen Grund
getroffen hat,[110] beziehungsweise ein befangener Richter an der Entscheidung mitgewirkt hat. Die

unberechtigte Ablehnung einer Terminverlegung kann deshalb nicht als Verfahrensmangel gerügt

---

[106] vgl. a. A. Koch, H. R. (2002) Tz. 73
[107] vgl. BFH-Urteil vom 27.10.1970, VII R 42/68 , BStBl. 1970, S. 873; Seer, R. (2001), Tz. 91-104
[108] vgl. BFH-Urteil vom 14.10.1999, IV B 122//8, BFH/NV 2000, S. 345
[109] vgl. Seer, R. (2001), Tz. 111; Pietzner, R. (1998) Rz. 98
[110] vgl. Offenhaus, K. Rz 78; Ruban, R. (2002), Rz. 88

werden, wohl aber eine dadurch verursachte Verletzung des rechtlichen Gehörs. Im Verfahren der NZB gegen das Endurteil nicht mehr zu berücksichtigen sind selbständig anfechtbare Entscheidungen des FG. Nach der bis zum 31.12.2000 geltenden Rechtslage konnte die bestandskräftige Zurückweisung eines Richterablehnungsgesuchs durch FG-Beschluss im Verfahren der NZB/Revision nicht mehr nachgeprüft werden.[111] Nach § 128 Abs. 2 idF. des 2. FGOÄndG ist die Entscheidung des FG über das Richterablehnungsgesuch nicht mehr mit der Beschwerde anfechtbar. Eine nach Ansicht einer Beteiligten fehlerhafte Zurückweisung des Ablehnungsgesuchs kann deshalb nunmehr als Verfahrensmangel geltend gemacht werden, wenn sie einen Verstoß gegen Art 101 GG darstellt.

Verstöße gegen bloße Ordnungsvorschriften rechtfertigen die Zulassung wegen Verfahrensmangels ebenso wenig wie Schreibfehler, Rechenfehler und ähnliche offenbare Unrichtigkeiten des angefochtenen Urteils, die vom FG jederzeit berichtigt werden können.[112] Unrichtigkeiten im Tatbestand sind vorrangig auch im Wege der Tatbestandsberichtigung nach § 108 zu beseitigen. Eine Ablehnung des Antrags auf Tatbestandsberichtigung ist unanfechtbar und kann grundsätzlich nicht als Verfahrensmangel im Zulassungsverfahren berücksichtigt werden.[113]

2.6.4 Geltendmachen und Vorliegen des Verfahrensmangels

§ 115 Abs. 2 Nr. 3 FGO n. F. verlangt, dass der Verfahrensmangel „geltend gemacht" und schlüssig gerügt wird. Gerügt werden müssen im Verfahren der NZB auch solche Fehler, die im Revisionsverfahren von Amts wegen berücksichtigt werden, wie z. B. Verstöße gegen die Grundordnung des Verfahrens oder die fehlerhafte Begründung von Sachurteilsvoraussetzungen.[114] Wie nunmehr in § 115 Abs. 2 Nr. 3 idF des 2. FGOÄndG ausdrücklich bestimmt, muss der geltend gemachte Verfahrensmangel tatsächlich vorgebracht werden. Zweck der Neuregelung ist es, zu verhindern, dass sich ein Beteiligter durch die schlüssige Behauptung eines unter Umständen nur vorgeschobenen Verfahrensmangels den Zugang zum Revisionsgericht verschafft und unter Umgehung der Zugangsvoraussetzungen des § 115 Abs. 2 eine sachliche Überprüfung des finanzgerichtlichen Urteils herbeiführen kann. Die Neuerung des § 115 Abs. 2 Nr. 3 entspricht der schon bisher vom BFH vertretenen Rechtsauffassung.[115] Die Darlegungsgründe für eine auf einen Verfahrensmangel gestützte NZB sind in Bezug auf Zulässigkeit und Begründetheit gleich geblieben.[116]

---

[111] vgl. BFH-Urteil vom 29.9.1981, VIII R 90/79, BStBl. II 1982, S. 217; Seer, R. (2001), Tz. 111; Ruban, R. (2002), Rz. 88

[112] vgl. BFH-Urteil vom 28.4.1992, VIII R 31/91, BFH/NV 1992, S. 685

[113] vgl. Ruban, R (2002), Rz. 89,90

[114] vgl. BFH-Urteil vom 30.10.1998, III B 56/98, BFH/NV 1999, S. 635

[115] vgl. BFH-Urteil vom 30.9.1993, IV B 182/92, BFH/NV 1994; S. 642

[116] vgl. BFH-Urteil vom 30.10.2001, X B 63/01, Haufe Index 665952

Ein Urteil beruht kraft gesetzlicher Fiktion immer auf einem Verfahrensmangel, wenn es sich um Mängel im Sinne des § 119 FGO handelt, also um die absoluten Revisionsgründe. Bei anderen schweren Verfahrensverstößen wird zum Teil ohne weiteres angenommen, dass das Urteil auf dem Verfahrensmangel beruht. Derartige Mängel, die der BFH im Revisionsverfahren von Amts wegen prüft, machen das finanzgerichtliche Verfahren insgesamt fehlerhaft mit der Folge, dass das ange-fochtene Urteil aufzuheben ist, ohne dass es darauf ankommt, ob ein Mangel das materiell-rechtliche Ergebnis des Urteils beeinflusst hat. Nach zutreffender Ansicht des BVerwG ist der Mangel der unterlassenen notwendigen Beiladung für das Urteil des FG jedoch nicht als kausal anzusehen, wenn die Klage als unzulässig abgewiesen wurde.[117]

Ist das Urteil des FG auf zwei selbständig tragende Begründungen gestützt und nur eine davon durch einen Verfahrensfehler z. B. Verletzung des rechtlichen Gehörs gekennzeichnet, so beruht das Urteil nicht auf dem Mangel.[118]

2.6.5 Erheblichkeit des Verfahrensmangels

Die Revisionszulassung erfolgt, wenn das Urteil des FG auf dem Verfahrensmangel beruhen kann. Diese Voraussetzung ist dann erfüllt, wenn die Möglichkeit besteht, dass das Urteil bei richtigem Verfahren anders ausgefallen ware. Hier kommt es auf den Rechtsstandpunkt des FG an, mag die-ser richtig oder falsch sein. Ob der Verfahrensmangel für die Entscheidung ursächlich war, kann nur dem Urteil selbst entnommen werden, nicht aber einer nachträglichen Äußerung der Richter, sie hät-ten ohne den Fehler auch nicht anders entschieden.[119]

Das Urteil beruht nicht auf einem Verfahrensmangel, wenn nur die Rechtsmittelbelehrung fehlerhaft war oder wenn nur eine überlange Dauer des FG-Verfahrens gerügt wird. Auch liegt kein Verfah-rensmangel vor, wenn nur die Kostenentscheidung auf einem solchen beruht.[120]

2.6.6 Verlust des Rügerechts

Nicht mehr mit Erfolg geltend gemacht werden kann ein Verfahrensmangel, wenn er eine Verfah-rensvorschrift betrifft, auf deren Beachtung die Prozessbeteiligten verzichten könnten und verzichtet haben.[121] Zu den „verzichtbaren Mängeln" sind die Verletzung des Grundsatzes der Unmittelbarkeit der Beweisaufnahme, das Übergehen eines Beweisantrages, die Verletzung der Sachaufklärungs-

---

[117] vgl. Offenhaus,K. Tz. 73

[118] vgl. BFH-Urteil vom 9.12.1987, V B 61/85, BFH/NV 1988; S. 576; Seer, R. (2001) Tz. 101

[119] vgl. BVerwG Entscheidung vom 29.3.1968, IV C 27/67, NJW 1968, S. 1842

[120] vgl. Ruban, R. (2002), Rz. 96-99

[121] vgl. BFH-Urteil vom 17.12.1999, VII B 183/99, BFH/NV 2000, S. 597, BFH-Urteil vom 19.1.2000, IV B 76/99, BFH/NV 2000, S. 860

pflicht[122], die Verwertung einer Zeugenaussage trotz unterbliebener Belehrung über das Aussageverweigerungsrecht und das Unterlassen der Protokollierung bestimmter Vorgänge zu zählen. Verzichtet werden kann auch auf die Einhaltung der Vorschriften über die Öffentlichkeit des Verfahrens, Einhaltung der Ladungsfrist und den Grundsatz des rechtlichen Gehörs. Unverzichtbar ist dagegen die Beachtung der Sachentscheidungsvoraussetzungen, z. B. die fehlerhafte Beurteilung von Beteiligtenfähigkeit, Prozessfähigkeit, Postulationsfähigkeit, der Klagebefugnis. Genauso unverzichtbar ist die Beachtung der Vorschriften über die Besetzung des Gerichts, die Ausschließung von der Ausübung des Richteramts und über die notwendige Beiladung. Die Einhaltung dieser Vorschrift liegt im öffentlichen Interesse, deshalb kann darauf nicht verzichtet werden.

Das Rügerecht bei den verzichtbaren Verfahrensmängeln geht nicht erst durch eine ausdrückliche oder konkludente Verzichtserklärung gegenüber dem FG verloren, sondern bereits durch das bloße Unterlassen einer rechtzeitigen Rüge.[123] Ein Verzichtswille ist nicht erforderlich. Der Verfahrensmangel musste in der nächsten mündlichen Verhandlung gerügt werden, in der der Rügeberechtigte erschienen ist. Verhandelt er in der Sache, ohne den Verfahrensmangel zu rügen, obwohl er den Mangel kannte oder kennen muss, verliert er das Rügerecht. In einer bloßen Nichtteilnahme an der mündlichen Verhandlung liegt kein Verzicht auf die Einhaltung des Verfahrensvorschriften. Auch der Verzicht des Klägers auf eine mündliche Verhandlung nach § 90 Abs. 2 FGO führt nicht zum Verlust des Rügerechts. Die Rechtsprechung zum Rügeverlust ist nur in den Fällen uneingeschränkt anzuwenden, in denen der Beteiligte in der Tatsacheninstanz durch einen rechtskundigen Prozessbevollmächtigten vertreten war.[124]

2.7 Entscheidung des FG über die Zulassung

2.7.1 Form und Verfahren

Über die Zulassung der Revision entscheidet das FG von Amts wegen. Insoweit ist kein Antrag der Prozessbeteiligten notwendig.[125] Es ist sinnvoll, bereits im finanzgerichtlichen Verfahren die Zulassung der Revision für den Fall anzuregen, dass dem Klageantrag nicht stattgegeben wird.[126] Wenn die Prüfung des FG ergibt, dass ein Zulassungsgrund im Sinne des § 115 Abs. 2 Nr. 2 FGO vorliegt, muss es die Revision zulassen. Ein Ermessen des FG besteht nicht.

Die Entscheidung über die Revisionszulassung muss ausdrücklich erfolgen. Die Entscheidung gehört

---

[122] vgl. BFH-Urteil vom 17.3.2000, VII B 1/00, BFH/NV 2000, S. 1125
[123] vgl. BFH-Urteil vom 16.12.1999, V B 132/99, BFH/NV 2000, S. 762, BFH-Urteil vom 19.1.2000, IV B 76/99, BFH/NV 2000, S. 860
[124] vgl. BFH-Urteil vom 13.8.1998, VI B 189/96, BFH/NV 1999, S. 326
[125] vgl. Eyermann, E. (2000) Rz. 21; Schenke, W. R. (2000) Rz. 32
[126] vgl. Lohse, C. (1985), S. 491

als Nebenbestimmung kraft Sachzusammenhangs in das Urteil und kann nur mit diesem verkündet werden. Sie kann nicht als gesonderter Beschluss erfolgen.[127] Außerdem sollte die Zulassung im Interesse der Klarheit in den Urteilstenor aufgenommen werden. Trotzdem ist die Zulassung wirksam, wenn es sich aus den Urteilsgründen klar und eindeutig ergibt, dass das FG die Revision zugelassen hat. In Ausnahmefällen kann sich dies auch aus der Rechtsmittelbelehrung ergeben. Eine widersprechende Rechtsmittelbelehrung beseitigt die Zulassung nicht. Des weiteren ist es nicht notwendig, dass die Zulassungsentscheidung in das Sitzungsprotokoll aufgenommen wird. Wenn die Entscheidung des FG keinen Ausspruch über die Zulassung der Revision an den BFH enthält, dann gilt die Zulassung als versagt.[128] Es ist nicht möglich die unterbliebene Zulassung durch gesonderten Beschluss nachzuholen, da in diesem Fall Unsicherheiten über den Zeitpunkt des Eintritts der Rechtskraft entstehen würde.[129] Falls die Zulassung beschlossen wurde und nur ein Ausspruch hierüber im Urteil unterblieb, kann wegen offenbare Unrichtigkeit berichtigt werden. Es ist nicht möglich das Fehlen einer Entscheidung über die Zulassung im Wege der Urteilsergänzung durch den § 109 FGO zu korrigieren. Lehnt das FG die Zulassung ab, muss im Rahmen der Rechtmittelbelehrung des Urteils, über die Nichtzulassungsbeschwerde belehrt werden. Bei Zulassung der Revision ist über die Einlegung zu belehren.[130]

2.7.2 Beschränkung der Zulassung

Die Zulassung auf einen von mehreren Streitgegenständen oder auf einen abtrennbaren prozessual selbständigen Teil des Streitgegenstands kann und muss das FG hinsichtlich eines abtrennbaren Teils des Rechtsstreits vorliegen. Die Zulassung kann nur beschränkt werden, auf Teilurteile, die in einem abgetrennten Verfahren entschieden werden könnten. Im Verfahren der Anfechtungsklage gegen einen Steuerbescheid sind Teilurteile nicht zulässig. Dagegen ist es nicht zulässig, die Revision nur hinsichtlich einer einzelnen Rechtsfrage oder hinsichtlich der Revision eines der beiden Hauptbeteiligten zuzulassen. Die Beschränkung der Zulassung ist nur wirksam, wenn sie im Urteil ausdrücklich und eindeutig ausgesprochen wird.[131]

2.7.3 Wirkung der Zulassung

Durch die positive Entscheidung des FG über die Zulassung ist das Rechtsmittel der Revision eröffnet. Die übrigen Anforderungen an die Statthaftigkeit und Zulässigkeit der Revision bleiben beste-

---

[127] vgl. Pietzner, R. (1998) Tz 112; a. A. Schenke, W. R. (2000),Rz. 32
[128] vgl. BFH-Urteil vom 21.3.1995, VIII R 7/95, BFH/NV 1995, S. 995
[129] vgl. BFH-Urteil vom 23.6.1987, VIII B 212/86, BStBl. II 1987, S. 635
[130] vgl. Ruban, R. (2002), Rz. 106-107
[131] vgl. BFH-Urteil vom 23.8.2001, VII R 94/99, BFH/NV 2001, S. 86

hen.[132] Der für die Zulassung maßgebliche Grund ist im Revisionsverfahren bedeutungslos. Wenn er nach der Entscheidung des FG über die Zulassung wegfällt wird die Zulassung dadurch nicht gegenstandslos, da das Zulassungsverfahren ein selbständiges Verfahren ist, das mit der Zulassung beendet ist.[133] Der Revisionskläger ist nicht an den Zulassungsgrund gebunden. Die Zulassung gibt vielmehr das Rechtsmittel regelmäßig in vollem Umfang frei (Grundsatz der Vollrevision).

Bei einer auf Verfahrensmängel gestützten Zulassung, die allerdings wohl nur bei der Zulassung durch den BFH im Verfahren der NZB in Betracht kommt, ist der Revisionskläger nicht auf die Rüge von Verfahrensfehlern beschränkt. Er kann mit der Revision auch materiell-rechtliche Einwendungen gegen das Urteil vorbringen.[134] Davon ist zu unterscheiden, in welchem Unfang der BFH das angefochtene Urteil überprüfen kann, wenn sich der Revisionskläger auf die Rüge von Verfahrensmängeln beschränkt. Die Zulassung wirkt nicht nur zugunsten des Beschwerdeführers sondern zugunsten aller Verfahrensbeteiligten, sofern sie nicht ausnahmsweise wirksam auf einzelne Kläger beschränkt wurde.[135]

Der BFH ist an die Zulassung gebunden. Dies ist nunmehr in § 115 Abs. 3 idF des 2 FGOÄndG eindeutig bestimmt. Diese Bindung ist ein Gebot der Rechtmittelklarheit und Rechtsmittelsicherheit. Der frühere Streit darüber, ob die Bindung ausnahmsweise dann entfällt, wenn die Zulassung offensichtlich gesetzwidrig ist, weil der Zulassungsgrund offensichtlich nicht bestand, ist damit überholt.[136]

Unabhängig von der Bindung des BFH an die Zulassungsentscheidung der Vorinstanz, muss der BFH bei der Prüfung der Zulässigkeit der Revision feststellen, ob überhaupt eine Zulassung ausgesprochen wurde und ob die Zulassung wirksam ist. Die Zulassung ist auch dann für das Revisionsgericht unbeachtlich, wenn die Revision wegen der Art der anzufechtenden Entscheidung nicht statthaft ist.[137]

2. 8 Anschlussrevision

2. 8 1 Rechtliche Grundlagen

Die Anschlussrevision ist in der FGO nicht ausdrücklich vorgesehen. Sie ist nach § 155 FGO i. V. m. § 556 ZPO statthaft.

---

[132] vgl. Pietzner , R. (1998), Rz. 138
[133] vgl. Eyermann, E. (2000) Tz. 27
[134] vgl. Seer, R. (2001) Tz. 117
[135] vgl. Ruban, R. (2002), Rz. 115
[136] vgl. Pietzner, R. (1998) Rz. 133

2.8.2 Begriff; Arten

Man unterscheidet zwischen der unselbständigen und der selbständigen Anschlussrevision. Eine selbständige Anschlussrevision liegt vor, wenn dem Einlegenden ein eigenes Recht auf Erhebung der Revision wegen des Fehlens der Zulässigkeitsvoraussetzungen nicht zusteht. [138] Sie hängt von der Revision des Prozessgegners ab. [139] Sie ist nicht innerhalb der regelmäßigen Revisionsfrist des § 120 Abs. 1 S.1 FGO erhoben. Die unselbständige Anschlussrevision ist der Regelfall, da die Revisionskläger in der Regel die Revisionsfrist voll ausnutzen und sich der Revisionsbeklagte daher im allgemeinen innerhalb der regelmäßigen Revision nicht mehr anschließen kann.[140] Dagegen erfüllt die selbständige Anschlussrevision erfüllt Sachurteilsvoraussetzungen einer selbständigen Revision und ist daher in ihren Wirkungen von der Revision unabhängig.[141]

3. Die Nichtzulassungsbeschwerde nach § 116 FGO n. F.

3.1 Allgemeines

3.1.1 Abschaffung der zulassungsfreien Revision des § 116 a. F. durch das 2. FGOÄndG

Wenn bestimmte besonders schwerwiegende Verstöße gegen Verfahrensvorschriften gerügt wurden, bedurfte es nach § 116 Abs. 1 FGO a. F. keiner Zulassung zur Einlegung der Revision. Diese Abschaffung wird wohl einhellig begrüßt, da die zulassungsfreie Verfahrensrevision in der Vergangenheit häufig zu Abgrenzungsschwierigkeiten gegenüber der daneben statthaften NZB wegen Verfahrensmangels gemäß § 115 Abs. 2 Nr. 3 FGO und zu unzulässigen Rechtsmitteln geführt hat.[142] Die Parallelvorschrift zu § 116 Abs. 1 FGO a. F. in der VwGO, § 133 wurde vom Gesetzgeber bereits vor 10 Jahren ersatzlos gestrichen. Für die zulassungsfreie Revision in Zolltarifsachen nach § 116 Abs. 2 FGO a. F., wurde schon seit geraumer Zeit kein Bedürfnis mehr gesehen.[143]

3.1.2 Zusammenfassung der wesentlichen Unterschiede zum bisherigen NZB-Recht und Hinweise zum Übergangsrecht

Der § 116 FGO n. F. wurde nach dem Vorbild des § 133 VwGO durch das 2. FGOÄndG in die FGO eingefügt. Einzelne Regelungen waren bisher schon im § 115 Abs. 3-5 FGO a. F. enthalten. Ackermann hält nach wie vor den Weg der NZB voller Tücken und setzt auf Engagement und Sachkennt-

[137] vgl. BFH-Urteil vom 29.1.1999, VI R 85/98, BStBl. II 1999, S. 302
[138] vgl. BFH-Urteil vom 9.5.2000, VIII R 77/97, BFH/NV 2000, S. 1530
[139] vgl. BFH-Urteil vom 20.9.1999, III R 33/97, BStBl. II 2000, S. 208
[140] vgl. Lange, H.F. (2001), Rz. 326
[141] vgl. Alberts, J. / Hartmann, P. (2002) Tz.2; Seer, R. (2001) Tz. 136; Lange, H.. F. (2001), Rz. 326
[142] vgl. BFH-Urteil vom 31.10.2000, IV B 1/00, BFH/NV 2001, S. 609; Spindler, W. (2001), S. 61
[143] vgl. Lange, H. F. (1998), S. 92,94 ff. ; Lange, H. F. (2001), Rz. 55, 56

nis.[144] § 116 FGO n. F. weicht vom bisherigen Rechtszustand etwas ab. Bisher war die NZB beim FG einzulegen.

Nach § 116 Abs. 2 FGO n. F. liegt die Empfangszuständigkeit nunmehr beim BFH. Das FG besitzt weder eine Prüfungskompetenz noch eine Abhilfebefugnis. Nach neuem Recht wird die NZB nun unmittelbar beim BFH anhängig.

Es wurde eine eigene Begründungsfrist von 2 Monaten nach § 116 Abs. 3 FGO eingeführt. Diese ist um einen weiteren Monat auf Antrag verlängerbar. Somit braucht der Beschwerdeführer nicht mehr bereits innerhalb der Beschwerdefrist die Zulassungsgründe dargelegt haben. Im Rahmen der Gesamtschau von § 116 Abs. 3 S. 3 und den modifizierten Zulassungsgründen des § 115 Abs. 2 ergeben sich Erleichterungen für die Darlegung der Revisionsgründe des § 115 Abs. 2 Nr. 1, 2. Zum Beispiel muss es sich bei der Grundsatzrevision des § 115 Abs. 2 Nr. 1 nicht mehr unbedingt um eine klärungsbedürftige Rechtsfrage handeln. Das Allgemeininteresse kann sich auch aus der schwerwiegenden Fehlerhaftigkeit des FG-Urteils ergeben, ohne dass eine abstrakte Rechtsfrage mit Breitenwirkung zu entscheiden wäre. Ferner kann das Allgemeininteresse auch aus der wirtschaftlichen/sozialen Auswirkung der Rechtssache gefolgert werden. Die neugeschaffene Rechtsprechung - Vereinheitlichungsrevision § 115 Abs. 2 Nr. 2 Alternative 2 findet bereits dann Anwendung, wenn das angefochtene FG-Urteil im Entscheidungsergebnis von der Rechtsprechung oberster Bundesgerichte, des BVerfG, des EuGH oder oberer Verwaltungsgerichte abweicht. Demzufolge sind die Anforderungen an die Darlegung des Zulassungsgrundes gesunken.

Nunmehr ist eine Entscheidung des BFH nach § 116 Abs. 5 S. 2 FGO n. F. kurz zu begründen. Der BFH kann nach § 116 Abs. 6 bei einer begründeten Verfahrensrüge auch das FG-Urteil aufheben und den Rechtsstreit an das FG zurückverweisen. Wenn der BFH die Revision zulässt, leitet er mit § 116 Abs. 7 FGO n. F. unmittelbar in das Revisionsverfahren über. Wegen der Unterschiedlichkeit der Verfahrensziele ist es jedoch notwendig eine gesonderte Revisionsbegründung innerhalb der Revisionsbegründungfrist abzugeben.

Im Falle das die NZB sich gegen eine Entscheidung des FG richtet, die vor dem 1.1.01 verkündet bzw. statt dessen von Amts wegen zugestellt worden ist bestimmt sich das Verfahren über die Einlegung und Begründung einer NZB nach § 115 Abs. 3-5 FGO a. F.. Dies gilt auch für die Anwendung der Revisionszulassungsgründe des § 115 Abs. 2 FGO a. F. , für selbige richten sich die Darlegungserfordernisse nach § 115 Abs. 3 S. 3 FGO a. F..

---

[144] vgl. Ackermann, G. (2001), S. 1

Allerdings beschränkt sich die Überleitungsvorschrift des Art. 4 auf die Zulässigkeit der NZB. Das heißt, dass sich das Verfahren der Entscheidungsfindung und die Entscheidung selbst in allen Fällen bereits nach neuem Recht richten.[145] Aus diesem Grund kann der BFH auch sogenannte Altfälle bei einem vorliegenden, begründeten Verfahrensmangel an das FG zurückgeben. Ebenfalls wird in den Altfällen mit Zulassung das Verfahren als Revisionsverfahren unmittelbar nach § 116 Abs. 7 FGO n. F. weitergeführt.[146]

3.2 Einlegung der NZB

3.2.1 Beschwerdeberechtigte, Vertretungszwang

Beschwerdeberechtigt ist, wer berechtigt ist, gegen das Urteil des FG Revision einzulegen.[147] Berechtigt ist jeder Beteiligte des finanzgerichtgerichtlichen Verfahrens, soweit er beschwert ist. Für die Einlegung der NZB sowie für das Verfahren vor dem BFH besteht Vertretungszwang nach § 62 a FGO. Der Vertretungszwang ist sinnvoll, da dem Prozessbevollmächtigten die Aufgabe obliegt, den Streitstoff zu sichten und rechtlich zu durchdringen, da der Vortrag vor dem BFH ein Mindestmaß an Geordnetheit erkennen lassen soll.[148] Die vertretende Person wird auch als postulationsfähige Person bezeichnet. Eine verbesserte Neuerung ist auch dahingehend eingetreten, das künftig auch Berufsgesellschaften mit Befugnis zur Hilfeleistung in Steuersachen vor dem BFH vertretungsberechtigt sind.[149] Der Vertretungszwang bedeutet, dass der jeweilige Prozess-bevollmächtigte die volle Verantwortung für Einlegung und Begründung der NZB übernehmen muss.[150] Daher muss vom Prozessbevollmächtigten selbst die Begründung für die NZB stammen. Die vom Steuerpflichtigen selbst oder einem vollmachtlosen Vertreter eingelegte NZB ist unzulässig.[151] Eine Heilung ist möglich, wenn ein postulationsfähiger Bevollmächtigter die Beschwerde nochmals innerhalb der Beschwerdefrist des § 116 Abs.2 S.1 FGO n. F. einlegt.[152] Es genügt nicht, dass der Bevollmächtigte den von einer Partei selbst verfassten Schriftsatz unterschreibt und weiterleitet, bzw. dass er auf ein von der Partei angefertigten Schriftsatz Bezug nimmt.[153] Zu den NZB einlegenden, berechtigten Personen gehört auch der Beigeladene. Nicht dazu gehört eine Person, die im erstinstanzlichen Verfahren nicht beteiligt war und geltend macht, dass sie in diesem hätte beigeladen werden müssen. Wenn Zweifel an der Person des Beschwerdeführers bestehen, sind diese im Wege der Auslegung der Beschwerdeschrift zu beseitigen.[154] Ebenfalls nicht befugt, NZB einzulegen, sind Prozessbevoll-

[145] vgl. Spindler, W. (2001), S. 61, 62
[146] vgl. Seer, R. (2001), Tz. 88-90
[147] vgl. BFH-Urteil vom 13.11.1995, V B 118/95, BFH/NV 1996, S. 346; BFH-Urteil vom 17.6.1993, VIII R 55/92, BFH/NV 1994, S. 334, BFH-Urteil vom 23.2.1994, IX B 90/93, BFH/NV 1994, S. 712
[148] vgl. Lange, H. F. (2001), S. 2313
[149] vgl. Dilsdorfer, P. (2001), S. 753
[150] vgl. BFH-Urteil vom 17.5.1994, X R 169/93, BFH/NV 1995, S. 251; Seer, R. (2001), Tz. 29
[151] vgl. Seer, R. (2001), Rz. 13
[152] vgl. Seer, R. (2001), Rz. 13
[153] vgl. Seer, R. (2001), Rz. 29
[154] vgl. BFH-Urteil vom 30.9.1999, IR 9/98, BFH/NV 2000, S. 572

mächtige vertretende Personen. Denn sie gehören nicht zu den Beteiligten im Sinne des § 57 FGO. Dies gilt auch wenn den Prozessbevollmächtigen Kosten auferlegt worden sind.[155] Falls mehrere Beteiligte durch das Urteil beschwert sind, ist jeder von ihnen berechtigt im Rahmen seiner Beschwer selbständig NZB einzulegen.[156] Hat die Beschwerde eines Beteiligten Erfolg, wirkt die Zulassung auch für die übrigen Beteiligten.[157]

3.2.2 Einlegung beim BFH

Abweichend von der Regelung in § 115 Abs. 3 S. 2 FGO a. F. ist die Beschwerde nach Art. 4 des 2 FGOÄndG i. V. m. § 116 Abs. 2 S. 1 FGO n. F. beim BFH einzulegen, wenn das angefochtene Urteil nach dem 31.12.2000 bekannt gegeben wurde.[158] Damit erfährt die Abhilfemöglichkeit einen Verlust von Seiten des FG. Bilsdorfer sah hier die Praxis sowieso eher restriktiv im Verhalten, so dass der Beschleunigungseffekt seiner Meinung nach durch die direkte Einlegung beim BFH höher einzustufen ist als die Minderung des Rechtsschutzes.[159] Die NZB ist innerhalb 1 Monats nach Zustellung des Urteils beim BFH einzulegen. Diese Änderung soll eine Verfahrensbeschleunigung mit sich bringen.[160] Diese Regelung steht im Zusammenhang mit § 120 Abs. 1, 2 FGO n. F. wonach auch die Revision und die Revisionsbegründung beim BFH einzureichen sind.[161] Würde man beim FG oder beim FA Beschwerde einlegen, wird die Frist nicht gewahrt. Das Risiko der Säumnis trägt dann der Einlegende. Beim Eingang mehrerer NZB desselben Beschwerdeführers gegen das finanzgerichtliche Urteil handelt es sich um ein einheitliches Rechtsmittel, über das einheitlich zu entscheiden ist.[162] Jedoch kann die NZB schon nach Verkündigung des FG-Urteils und vor dessen Zustellung eingelegt werden. Findet keine Verkündigung statt, so benötigt man zunächst die Zustellung, da ansonsten kein Urteil existent ist.[163]

3.2.3 Unbedingte Einlegung

Die Einlegung der NZB darf nicht unter einer Bedingung erfolgen.[164] Ansonsten wäre sie unzulässig, da über das Schweben eines Rechtsmittels und damit über die Hemmung der Rechtskraft des angefochtenen Urteils keine Unklarheit bestehen darf. Deshalb ist eine NZB unzulässig, die für den Fall eingelegt wird, dass einem gleichzeitig gestellten Antrag auf Prozesskostenhilfe stattgegeben wird.[165]

---

[155] vgl. BFH-Urteil vom 14.3.2000, III B 6/00, BFH/NV 2000, S. 1121
[156] vgl. BFH-Urteil vom 2.9.1987, II B 103/87, BStBl II 1987, S. 785
[157] vgl. Ruban, R. (2002), Rz. 6
[158] vgl. Ruban, R. (2002), Rz. 7
[159] vgl. Bilsdorfer, P. (2001), S. 755
[160] vgl. BT-Druck 14/4061, S. 9
[161] vgl. Ruban, R. (2002), Rz. 7
[162] vgl. BFH-Urteil vom 8.1.1988, V B 69/87, BFH/NV 1988, S. 453
[163] vgl. Offenhaus, K. Tz. 114
[164] vgl. Ruban, R. (1986), Rz. 138
[165] vgl. Ruban, R. (2002). Rz.8

Anderer Ansicht ist Seer in Tipke/Kruse. Dieser hält die PKH für eine zulässige innerprozessuale Bedingung.[166]

Die unter der Geltung des § 116 a. F. häufig erörterte Frage der Zulässigkeit einer „hilfsweise" eingelegten NZB für den Fall, dass die gleichzeitig eingelegte zulassungsfreie Revision erfolglos sein sollte, ist nach Abschaffung der zulassungsfreien Verfahrensrevision unbeachtlich. Wirksam ist eine „vorsorgliche" eingelegte NZB, wenn sie dahingehend ausgelegt werden kann, dass sie zur Wahrung der Rechtsmittelfrist unbedingt eingelegt, aber unter bestimmten Umständen zurückgenommen werden soll.[167]

3.2.4 Auslegung, Form

Die NZB muss erkennbar sein, aber als solche nicht ausdrücklich bezeichnet. Der Beschwerdeführer hat das Ziel, nach Maßgabe der §§ 133, 157 BGB, aus dem gesamten Vorbringen die wesentlichen Zulassungsgründe hervorzuheben. Als Prozesserklärung ist eine Rechtsmittelschrift so auszulegen, dass im Zweifel dasjenige gewollt ist, was nach den Maßstäben der Rechtsprechung vernünftig ist und der recht verstandenen Interessenlage entspricht.[168] Ein eindeutiger auf nachträgliche Zulassung der Revision gestellter Antrag im Wege der Urteilsergänzung nach § 109 FGO kann nicht in eine NZB umgedeutet werden.

Hat das FG im angefochtenen Urteil über mehrere Streitgegenstände entschieden, beispielsweise mehrere Veranlagungszeiträume oder Steuerarten, kann der Beschwerdeführer seinen Antrag auf Zulassung der Revision auf einen oder mehrere dieser Streitgegenstände beschränken.[169]

Die NZB muss nach § 116 Abs. 2 S. 3 FGO n. F. schriftlich eingereicht werden. Dies erfolgt durch das Einreichen eines grundsätzlich eigenhändig und handschriftlich unterzeichneten Schriftsatzes. Im Unterschied zur Klageerhebung ist es nicht ausreichend, die NZB zur Niederschrift des Urkundsbeamten der Geschäftsstelle nach §§ 569 Abs. 2 und 78 Abs. 3 ZPO im finanzgerichtlichen Verfahren zu erklären. Die Beschwerde muss nach § 116 Abs. 2 S. 2 FGO n. F. das angefochtene Urteil bezeichnen. Benötigt dafür werden die Angaben des Datums der Entscheidung sowie des Aktenzeichens des finanzgerichtlichen Rechtsstreits vom FG. Diese Angaben müssen in der Beschwerde enthalten bzw. innerhalb der Beschwerdefrist aus sonstigen Angaben oder Begleitumständen zu entnehmen sein. Die Beschwerde wird nicht zulässig bei nachholen der Angaben nach Ablauf der Beschwerdefrist des § 116 Abs. 2 S. 1 FGO n. F. Auch nicht zulässig ist die Beschwerde bei Nach-

---

[166] vgl. Seer, R. (2001), Tz.19
[167] vgl. Ruban, R. (2002), Rz. 8
[168] vgl. BFH-Urteil vom 8.11.1996, VI R 24/96 , BFH/NV 1997, S. 363; BFH-Urteil vom 28.11.1997, I B 84/97, BFH/NV 1998, S. 712

holung bis zum Ablauf der gesonderten Begründungsfrist des § 116 Abs. 3 S. 1. Jedoch sind Mängel bei der Bezeichnung des angefochtenen Urteils unschädlich, wenn der Beschwerdeführer entsprechend der Sollvorschrift des § 116 Abs. 2 S. 3 FGO n. F. der Beschwerdefrist eine Abschrift des Urteils beifügt. Denn in diesem Fall ist das angefochtene Urteil aus dem Begleitmaterial der Beschwerde zu entnehmen.[170] Diese Neuregelung soll zur Verfahrens-erleichterung beitragen.[171]

Ebenfalls schriftlich müssen die Zulassungsgründe dargelegt werden. Dies ist bereits in der Beschwerdeschrift möglich. Aber es reicht völlig, wenn die Begründung innerhalb der 2-Monatsfrist in einem oder mehreren gesonderten Begründungsschriftsätzen eingereicht wird.[172]

3.2.5 Frist nach § 116 Abs. 2 S. 1 FGO n. F.

Nach Zustellung des vollständigen finanzgerichtlichen Urteils ist die NZB innerhalb 1 Monats einzulegen. Die Frist entspricht der Revisionsfrist des § 120 Abs. 1 S. 1 FGO. Unbeachtlich, ob das Urteil verkündet wurde, die Frist beginnt zu laufen mit der Zustellung einer ordnungsmäßigen Ausfertigung des Urteils. Die Zustellung einer einfachen Abschrift des Urteils bringt die Frist nicht zum laufen.[173] Wenn die Zustellung an mehrere Prozessbevollmächtigte erfolgt, ist die erste Zustellung maßgebend.[174] Falls dem Antrag auf Urteilsberichtigung stattgegeben wird, beginnt ebenfalls keine neue Rechtsmittelfrist. Eine Ausnahme ist gegeben, wenn die berichtigte Entscheidung nicht klar genug war, um die Grundlage des weiteren Verhaltens der Partei und des Rechtsmittelgerichts zu bilden.[175] Die Frist nicht in Gang zu setzen vermag ein abgekürztes Urteil nach § 151 Abs. 4 FGO, da sich aus so einem Urteil keine Gründe für die Revisionszulassung entnehmen lassen.[176]

3.2.6 Sonstige Zulässigkeitsvoraussetzungen

Nur wenn der Beschwerdeführer durch das angefochtene Urteil beschwert ist, ist die NZB zulässig. Es ist ausreichend, wenn die Sachentscheidung des FG für den Beschwerdeführer eine Beschwer enthält. Falls mehrere Beteiligte beschwert sind, können im Rahmen ihrer Beschwer die Beteiligten jeweils selbständig NZB einlegen.[177] Ferner muss für die NZB, wie für jeden Rechtsbehelf, ein Rechtsschutzbedürfnis bestehen. Das Rechtsschutzbedürfnis für eine NZB entfällt, wenn der Kläger sein Klageziel während des Beschwerdeverfahrens erreicht.[178] Nach dem bis zum 31.12.2000 geltenden Verfahrensrecht der FGO, war das Rechtsschutzbedürfnis zu verneinen, wenn der Be-

---

[169] vgl. Ruban, R. (2002), Rz. 11
[170] vgl. Seer, R. (2001), Tz. 27
[171] vgl. Bilsdorfer, P. (2001), S. 755
[172] vgl. Seer, R. (2001), Tz. 27
[173] vgl. BGH-Urteil vom 30.9.1968, VII ZR 93/67, JZ 1969, S. 235
[174] vgl. BFH-Urteil vom 28.1.1991, IX B 46/90, BFH/NV 1991, S. 612
[175] vgl. BFH-Urteil vom 23.8.1989, III B 1/88, BFH/NV 1990, S. 306
[176] vgl. Offenhaus, K. Rz. 114
[177] vgl. BFH-Urteil vom 2.9.1987, II B 103/87, BStBl II 1987, S. 785

schwerdeführer einen der in § 116 Abs. 1 a. F. aufgezählten Verfahrensmängel rügen wollte, da hierfür die zulassungsfreie Verfahrensrevision zur Verfügung stand. Außerdem müssen für die NZB alle übrigen Zulässigkeitsvoraussetzungen eines Rechtsmittels vorliegen, insbesondere gehört die Beteiligten- und Prozessfähigkeit dazu. [179]

3.3 Begründung der NZB § 116 Abs. 3 FGO n. F.

3.3.1 Einreichung beim BFH; Begründungsfrist nach § 116 Abs. 3 S. 1,4 FGO n. F.

Die Begründung der NZB ist nach § 116 Abs. 3 S. 2 FGO n. F. ,ebenso wie die Beschwerde, beim BFH einzureichen. Eine Einreichung beim FG wahrt die Begründungsfrist nicht. [180] Bisher musste die NZB nach § 115 Abs. 3 S. 3 FGO a. F. bereits in der Beschwerdeschrift begründet werden. Nach der Neufassung der §§ 115,116 FGO ist dies nicht mehr der Fall. Vielmehr gilt seit dem 1.1.2001 nach § 116 Abs. 3 S. 1 FGO n. F. eine besondere Begründungsfrist von 2 Monaten. Die eingeführte Begründungsfrist bringt meiner Meinung nach nur Vorteile, denn Sie ermöglicht dem Einreichenden, eine durchdachte und wohlbegründete NZB abzugeben. Das 2. FGO-ÄndG vom 19.12.2000 hat somit einem rechtsschutzverkürzenden Missstand endlich abgeholfen. Die Frist beginnt mit der Zustellung des vollständigen Urteils. Es ist damit unabhängig von der Einlegungsfrist und der Einlegung der NZB. Die besondere Begründungsfrist kann vom Vorsitzenden nach § 116 Abs. 3 S. 4 FGO n. F. um 1 Monat verlängert werden. Vor Ablauf der Frist muss der Beschwerdeführer den Verlängerungsantrag für die Begründungsfrist stellen. Nur nach Seer ist die Begründungsfrist mehrfach verlängerbar. [181] Die h. M. [182] vertritt die Ansicht, das die Begründungsfrist laut Gesetzesauslegung nur ein mal um 1 Monat verlängerbar ist.

Nach Ablauf vorgebrachte Zulassungsgründe müssen unberücksichtigt bleiben. [183] Nicht ausgeschlossen ist jedoch, dass eine fristgemäß eingereichte, in sich klare und verständliche Begründung noch nach Ablauf der Frist erläutert und in gewissem Umfang ergänzt wird.

Wenn die Rechtsmittelbelehrung fehlt oder unrichtig ist, beginnt die Frist nicht zu laufen. Insbesondere dann nicht, wenn auf das Erfordernis der Begründung nicht hingewiesen worden ist. In diesem Fall ist dann eine Jahresfrist gültig. Unabhängig davon ist die NZB schon nach Verkündung des Urteils und die Erhebung vor dessen Zustellung zulässig. [184]

---

[178] vgl. BFH-Urteil vom 22.9.1999, VII B 82/99, BFH/NV 2000, S. 335

[179] vgl. Ruban, R. (2002), Tz. 18,19

[180] vgl. Ruban, R. (2002), Rz. 20

[181] vgl. Seer, R. (2001), Tz. 24

[182] vgl. BFH-Urteil vom 21.09.2001, IV B 118/01, DStRE (2002), S. 60

[183] vgl. BFH-Urteil vom 21.7.1968, III B 58/67, BStBl. II 1969, S. 36; BFH-Urteil vom 6.8.1986, II B 53/86, BStBl. II 1986, S. 858; BFH-Urteil vom 31.3.1995, XI 151/94, BFH/NV 1995, S. 1071; BFH-Urteil vom 17.4.1997, XI B 34/97, BFH/NV 1997, S. 694

[184] vgl. Seer, R. (2001), Tz. 23-25

Bei Fristversäumnis kann bei Vorliegen der Voraussetzungen des § 56 Abs. 1 FGO Wiedereinsetzung in den vorigen Stand gewährt werden. [185] Nach § 56 Abs. 2 S. 1 FGO ist innerhalb der 2- Wochenfrist mit einem Antrag die versäumte Rechtshandlung/die Begründung nachzuholen. Keine Wiedereinsetzung in den vorigen Stand ist möglich, wenn in der Rechtsmittelbelehrung des FG-Urteils nicht auf die notwendige Darlegung der Beschwerdegründe hingewiesen wurde. [186] Jedoch ist dann, die Jahresfrist im Sinne des § 55 Abs. 2 FGO anwendbar. Die verschuldete Versäumung der Einlegungs- oder der Begründungsfrist macht die NZB unzulässig.

3.3.2 Typische Begründungsfehler einer NZB

Die in der Praxis am häufigsten vorkommenden Begründungsfehler, die zur Unzulässigkeit der NZB führen, werde ich jetzt nachstehend erläutern. Dazu zählt zum Beispiel die „pauschale Verweisung" auf das erstinstanzliche Vorbringen. Das ist nicht ausreichend um den Entlastungszweck der Begründungserfordernis zu erreichen.[187] Es ist grundsätzlich bei Verweisungen auf Ausführungen in anderen Schriftsätzen äußerste Vorsicht walten zu lassen. Die Bezugnahme auf einen erstinstanzlichen Schriftsatz, der vor Bekanntgabe des Urteils angefertigt worden ist, erweckt bei dem BFH Zweifel, ob der Beschwerdeführer sich mit dem FG-Urteil und den daraus resultierenden Zulassungsgründen auseinandergesetzt hat.[188]

Ein weiterer Begründungsfehler ist die Ansicht, das eine umfangreiche Beschwerdebegründung eine Gewähr für die Zulassung einer NZB darstellt. Dies ist nicht so. Wenn Ausführungen in unübersichtlicher, ungegliederter, unklarer, kaum auflösbarer Weise mit Einlassungen zu irreviisblen oder sonst für das Beschwerdeverfahren unerheblichen Fragen vermengt, dann ist dies nicht ausreichend für die Begründungserfordernis nach BFH Rechtsprechung.

Nicht ausreichend sind auch formelhafte Wendungen. Dazu gehört beispielsweise, der BFH habe über die Rechtsfrage noch nicht abschließend und eindeutig entschieden.[189] Eine Behauptung, die dem Urteil zugrunde liegende Vorschrift sei verfassungswidrig gehört gleichfalls zu den formelhaften Begründungserfordernissen, die die Zulassung nicht rechtfertigen.[190] Genauso wenig genügen bloße

---

[185] vgl. BFH-Urteil vom 14.3.1994, VI B 70/92, BFH/NV 1994, S. 648; BFH-Urteil vom 22.6.1994, V III B 59/94, BFH/NV 1995, S. 51

[186] vgl. BFH-Urteil vom 30.9.1968, VII ZR 93/67, BStBl. 1968, S. 824

[187] vgl. BFH-Urteil vom 28.3.1988, V 51/88, BFH/NV 1990, S. 105

[188] vgl. BFH-Urteil vom 27.1.1989, V B 145/88, BFH/NV 1989, S. 706

[189] vgl. BFH-Urteil vom 17.1.1990, IX R 6/89, BFH/NV 1990, S. 664; BFH-Urteil vom 18.8.1993, II B 46/93, BFH/NV 1994, S. 216

[190] vgl. BFH-Urteil vom 27.3.1992, III B 547/90, BStBl. II 1992, S. 842

Behauptungen wie, es liege eine Rechtsverletzung oder eine unrichtige Anwendung geltender Rechtsvorschriften vor oder eine Sache sei von grundsätzlicher Bedeutung.[191]

Wenn ein materiell fehlerhaftes FG-Urteil vorhanden ist, liegt nicht gleich der Zulassungsgrund der grundsätzlichen Bedeutung vor. Es muss darüber hinaus die grundsätzliche Bedeutung dargelegt werden. Mit Übereinstimmung von Seer, genügt es meiner Meinung nach nicht, wenn bloß allgemeine Hinweise auf gewandelte gesellschaftliche Verhältnisse gemacht werden, mit der Behauptung, das die angefochtenen BFH-Urteile den vorliegenden Umständen nicht mehr sachgerecht Rechnung trügen. Wird dies einer Beschwerde schon im Ansatz nicht gerecht,[192] Durch die Neufassung des § 115 Abs. 2 ist es möglich, dass die grundsätzliche Bedeutung erfüllt ist. Nämlich jetzt dadurch, das der Rechtsfehler ein großes Gewicht besitzt und aus diesem Grunde heraus das Vertrauen in die Rechtsprechung beschädigt wird.[193]

Neue Tatsachen und Ihr Vorbringen sind grundsätzlich unzulässig, da der BFH an die Tatsachenfeststellungen des FG gebunden ist.[194] Ausnahmeregelungen sind in § 118 Abs. 2 FGO geregelt.

3.3.3   Darlegung des Zulassungsgrundes

Inhaltlich muss die Begründung der Beschwerde die Anforderungen des § 116 Abs. 3 S. 3 FGO n. F. erfüllen. Das bedeutet, dass der Beschwerdeführer die Voraussetzungen des § 115 Abs. 2 FGO n. F. darlegen muss. Dazu zählen die grundsätzliche Bedeutung, die Rechtsfortbildung , die Sicherung der Rechtseinheit bzw. der Verfahrensmangel.[195] Die nach § 116 Abs. 3 S.3 FGO n. F. ausreichende Begründung zählt auch zu den Zulässigkeitsvoraussetzungen der NZB. Die Anforderungen an die Begründung einer NZB in § 116 Abs. 3 S.3 FGO n. F. haben dem Wortlaut nach keine wesentlichen Veränderungen zu § 115 Abs. 3 S.3 FGO a. F. erfahren. Die Rechtsprechung des BFH zu § 115 Abs. 3 FGO a. F. veränderte- ebenso wie das BVerwG zu der gleichlautenden Vorschrift des § 133 Abs. 3 VwGO- ,die Voraussetzungen der jeweiligen Zulassungsvorschrift vom Beschwerdeführer insoweit, dass in der Begründung seiner NZB substantiert und schlüssig vorzutragen sind. [196]

3.4 Wirkung der NZB § 116 Abs. 4 FGO n. F.

Die Rechtskraft des FG-Urteils wird durch die Einlegung einer NZB nach § 116 Abs. 4 FGO n. F. ab diesem Zeitpunkt gehemmt. Dies gilt nach § 116 Abs. 5 S. 3 FGO auch dann, wenn die NZB von

[191] vgl. BFH-Urteil vom 22.2.1995, VIII B 81/94, BFH /NV 1995, S. 711
[192] vgl. BFH-Urteil vom 17.10.2001, III B 65/01, BFH/NV 2002, S. 217
[193] vgl. Seer, R. (2001), Tz. 36
[194] vgl. BFH-Urteil vom 21.3.1995, VIII R 7/95, BFH/NV 1995, S. 995
[195] Eine ausführliche Darstelllung hierzu ist bereits im Textteil 2.3-2.6 erfolgt
[196] vgl. BT-Druck 14/4061, S. 10

vornherein unzulässig oder unbegründet ist. Die Hemmungswirkung enfällt mit der Entscheidung über die NZB.

Seit dem 1.1.01 ist es sogar so, dass bereits mit der Einlegung der NZB das Verfahren wegen der Hauptsache beim BFH anhängig wird. Da das FG abwechsend von § 115 Abs. 5 S.1 a. F., nunmehr keine Abhilfemöglichkeit mehr besitzt. Darum ist der BFH nach Einlegung der NZB befugt, Entscheidungen zu treffen, für die das Gericht der Hauptsache zuständig ist. Darunter fällt z. B. die Entscheidung über die Aussetzung der Vollziehung.[197] Diese bleibt bis zu einem bestandskräftigen Abschluss des Verfahrens bestehen.[198]

3.5 NZB und Prozesskostenhilfe (PKH)

Für das NZB-Verfahren kann PKH beantragt werden. Hierbei gilt kein Vertretungszwang. Der Beteiligte hat die Möglichkeit seinen Antrag selbst schriftlich zu stellen oder zu Protokoll bei der Geschäftsstelle zu geben. Wenn der Antragsteller seinen Antrag selbst einreicht, kann an die Mindestanforderungen für die Begründung dieses Antrags bezüglich der Zulassung zur Revision kein strenger Maßstab angelegt werden. Ein Zulassungsgrund in laienhafter Weise würde genügen.[199] Bei einer Erklärung zu Protokoll, muss das Protokoll innerhalb der Beschwerdefrist beim BFH eingehen. Dieser trifft auch die Entscheidung über den PKH-Antrag.

Ein eingereichtes Gesuch um PKH ist grundsätzlich unabhängig von einem NZB-Verfahren. Ohne ein gegenteiliges Vorbringen wird regelmäßig nur das Kostenhilfeverfahren Anwendung finden. In diesem Fall benötigt die NZB keine besondere Begründung. Ein Versäumen der Beschwerdefrist nach § 116 Abs. 2 S.1 ist nur unverschuldet, wenn innerhalb der Frist, alle für die Entscheidung über die PKH erforderlichen Unterlagen vorgelegt wurden. Hierzu gehört auch die Erklärung des Beschwerdeführers über seine persönlichen und wirtschaftlichen Verhältnisse unter Verwendung des dafür vorgeschriebenen Vordrucks. Beantragt ein nicht durch einen Prozessbevollmächtigten vertretener Steuerpflichtiger PKH für einen von ihm persönlich eingelegte NZB, so müssen in die Prüfung der Zulassungsgründe im Sinne des § 115 Abs. 2 FGO n. F. zusätzlich zu den Ausführungen des Steuerpflichtigen auch die vorhandenen Unterlagen und Akten einbezogen werden.[200] Ein mittelloser Steuerpflichtiger muss ebenso innerhalb der Rechtsmittelfrist alles ihm Zumutbare tun, um die Voraussetzungen für die Bewilligung von PKH zu schaffen. Nach Ablauf der Begründungsfrist kann im PKH-Verfahren nicht erstmals ein neuer Verfahrensmangel geltend gemacht werden. Aus dem Antrag auf PKH muss sich ergeben, dass die beabsichtigte Zulassung der Revision hinreichende Aus-

---

[197] vgl. Seer, R. (2001), Tz. 62
[198] vgl. BFH-Urteil vom 30.8.2001, IV B 83/00, BFH/NV 2002, S. 349
[199] vgl. BFH-Urteil vom 5.5.1992, VII S 13/92, BFH/NV 1993, S. 262
[200] vgl. BFH-Urteil vom 7.11.1990, III S 7/90, BFH/NV 1991, S. 337

sicht auf Erfolg bietet und nicht mutwillig erscheint. Das Prozessgericht nach § 117 ZPO nach Abschaffung der Abhilfemöglichkeit des FG von vornherein der BFH. Die Monatsfrist des § 116 Abs. 2 S. 1 FGO n. F. läuft unabhängig von dem Begehren um PKH und der Entscheidung darüber. Das Einhalten der in § 116 Abs. 3 S. 3 genannten Anforderungen ist für das PKH Verfahren ohne Bedeutung. [201]

3.6 Rücknahme der NZB

Obwohl es an einer gesetzlichen Vorschrift fehlt, kann die NZB zurückgenommen werden. § 125 Abs. 2 FGO gilt analog.[202] Die Rücknahme muss durch schriftliche Erklärung oder durch Erklärung zur Niederschrift des Urkundsbeamten der Geschäftsstelle spätestens bis zur Verkündung oder Zustellung der Beschwerdeentscheidung des BFH geschehen. Die Rechtsprechung hält die Rücknahme auch für wirksam, wenn sie von einer nicht postulationsfähigen Person abgegeben wird.[203] Seer vertritt hier die Meinung, das dies in unkonsequent sei und nicht überzeugte angesichts des mit der Rücknahme verbundenen Rechtsmittelverlustes.[204] Einer Rücknahme steht die Unzulässigkeit der NZB nicht entgegen. Die Rücknahmeerklärung muss unbedingt und eindeutig sein. Die Einwilligung des anderen Beteiligten in die Rücknahme ist nicht erforderlich.[205] Die Kosten des Verfahrens hat nach § 136 Abs. 2 FGO der Beschwerdeführer zu tragen. [206]

Bei Rücknahme ist das Verfahren einzustellen. Es ergeht ein förmlicher Beschluss. Die Ausnahme ist, wenn Unklarheiten über die Zurücknahme besteht. Mit der Zurücknahme der NZB entfällt deren

Hemmungswirkung und das FG-Urteil wird rechtskräftig.

Außer durch Zurücknahme der NZB kann das Verfahren auch durch übereinstimmende Erledigungserklärung beendet werden. Die übereinstimmende Erledigungserklärung kann sich auf die NZB beschränken oder auch den gesamten Rechtsstreit betreffen. Wenn die Beteiligten den gesamten Rechtsstreit in der Hauptsache für erledigt erklären, wird das angefochtene Urteil einschließlich der Kostenentscheidung gegenstandslos. Der BFH hat dann über die Kosten des gesamten Verfahrens zu entscheiden.[207]

---

[201] vgl. Seer, R. (2001), Tz. 63-65
[202] vgl. BFH-Urteil vom 24.4.1995, III B 27/95, BFH/NV 1995, S. 914
[203] vgl. BFH-Urteil vom 14.7.1976, VIII R 52/76, BStBl. 1976, S. 630; BFH-Urteil vom 10.11.1997, VIII B 166/97, BFH/NV 1998, S. 618
[204] vgl. Seer, R. (2001), Tz. 66
[205] vgl. BFH-Urteil vom 12.5.1993, C B 28/93, BFH/NV 1994, S. 182
[206] vgl. Seer, R. (2001), Tz. 66
[207] vgl. BFH-Urteil vom 15.3.1994, V B 35/93, BFH/NV 1995, S. 331

3.7 Entscheidung über die NZB

3.7.1 Form und Verfahren

Nach § 115 Abs. 5 S.1 FGO a. F. hatte zunächst das FG darüber zu entscheiden, ob es der NZB abhalf. Die Abhilfeentscheidung setzte die vorherige Prüfung voraus, ob die Beschwerde zulässig und begründet ist. Diese Abhilfe- und Prüfungsbefugnis hat § 116 Abs. 5 S.1 FGO n. F. mit Wirkung vom 1.1.2001 beseitigt.

Der BFH entscheidet über die NZB ohne mündliche Verhandlung in der Besetzung mit drei Richtern durch Beschluss nach § 116 Abs. 5 S.1 FGO n. F. aufgrund mündlicher Verhandlungen mit der Besetzung von fünf Richtern. Für das Verfahren gelten die Vorschriften über die Beschwerde, sofern nichts anderes festgelegt ist. Ein Rechtsbehelf gegen den Beschluss des BFH über die NZB gibt es nicht. Einer Rechtsmittelbelehrung bedarf es daher nicht.

Zunächst prüft der BFH, ob das Rechtsmittel zulässig ist. Wenn die Zulässigkeit feststeht, wird geprüft, ob einer oder mehrere der ausdrücklich angeführten und fristgemäß geltend gemachten Zulassungsgründe im Sinne des § 115 Abs.2 gegeben sind. Die Zulässigkeit des Rechtsmittels soll offen bleiben, wenn die NZB „jedenfalls unbegründet" ist.[208] Eine teils unzulässige und im übrigen unbegründete NZB ist als unbegründet zurückzuweisen.[209]

Maßgebend ist der Zeitpunkt der Entscheidung über die NZB. Bei der Prüfung des Zulassungsgrundes kann der BFH allein den während der Begründungsfrist ordnungsmäßig geltend gemachten Grund berücksichtigen. Er hat dabei nicht zu prüfen, ob die Revision sachlich Erfolg haben würde.[210]

3.7.2 Entscheidungsalternativen § 116 Abs. 5-7 FGO n. F.

3.7.2.1 Verwerfung der NZB und Zurückweisung der NZB

Wenn der BFH die NZB für unzulässig hält, so ist die NZB als unzulässig zu verwerfen nach § 155 i. V. mit § 574 ZPO. Hält der BFH die NZB zwar für zulässig, aber für unbegründet, dann ist die NZB nach § 116 Abs. 5 S.3 FGO n. F. zurückzuweisen.

3.7.2.2 Aufhebung des FG-Urteils, Zurückweisung des Rechtsstreits § 116 Abs. 6 FGO n. F. und Zulassung der Revision

Im Falle einer durchgreifenden Verfahrensrüge nach § 115 Abs. 2 Nr.3 FGO kann der BFH nach § 116 Abs. 6 FGO n. F. das angefochtene Urteil nunmehr unmittelbar aufheben und den Rechtsstreit an das FG zur anderweitigen Verhandlung und Entscheidung zurückverweisen, ohne dass das NZB-

---

[208] vgl. BFH-Urteil vom 11.2.1987, II B 140/86, BStBl. 1987, S. 344
[209] vgl. BFH-Urteil vom 1.3.1996, V B 65/95, BFH/NV 1996, S. 625

Verfahren in das Revisionsverfahren übergeleitet wird. Diese Möglichkeit dient der Verfahrensbeschleunigung in Fällen, in denen wegen der Bindung an die finanzrichterlichen Tatsachenfeststellungen der BFH den Rechtsstreit nicht zur Spruchreife bringen kann und darüber hinaus auch im anschließenden Revisionsverfahren nur eine Aufhebung und Zurückverweisung in Betracht käme.[211] Wenn der BFH die NZB im übrigen, außerhalb der Fälle des § 116 Abs. 6 FGO n. F. für zulässig und begründet hält, so hat er ihr stattzugeben und die Revision grundsätzlich nach § 116 Abs. 5 S.1 und Abs. 7 FGO n. F. zuzulassen.[212]

3.7.3 Begründungserfordernis § 116 Abs. 5 S.2 FGO n. F.

Der Beschluss soll nach § 116 Abs. 5 S.2 Halbsatz 2 Kurz begründet werden. Damit wird das Begründungserfordernis des § 113 Abs.2 S.1 eingeschränkt. Immerhin geht die Neuregelung damit sowohl über § 115 Abs. 5 S.2 als auch über Art. 1 Nr. 6 BFHEntlG hinaus, der zuletzt überhaupt keine Begründung mehr forderte.[213] Durch den § 116 Abs. 5 S.2 wird das berechtigte Informationsinteresse der Beteiligten berücksichtigt.[214] Der Beschluss ist mit Gründen zu versehen, wenn der Beschwerdeführer in der NZB wesentliche und erhebliche Rechtsausführungen gemacht hat.

§ 116 Abs. 5 S.2 Halbsatz 2 sieht die Möglichkeit vor, von einer kurzen Begründung abzusehen. Somit darf der Beschluss auch ohne Begründung ergehen, wenn die Begründung nicht geeignet ist, zur Klärung der Zulassungsvoraussetzung beizutragen. Aufgrund des mit der Neufassung der Revisionsgründe durch das 2. FGOÄndG eingetretenen Bedeutungswandels ist jeder Beschluss geeignet, zur Klärung der Zulässigkeitsvoraussetzungen beizutragen, bis die Rechtsprechung gefestigte Maßstabe ausgebildet hat. Der Beschluss darf auch ohne Begründung ergehen, wenn der NZB stattgegeben wird. Im letzteren Fall sieht die Gesetzesbegründung kein Bedürfnis für eine Begründung.[215]

3.7.4 Kostenentscheidung

Wenn der BFH die NZB als unzulässig verwirft oder sie als unbegründet zurückweist, dann hat der Beschwerdeführer nach § 135 Abs. 2 FGO die Kosten des Verfahrens zu tragen. Erachtet der BFH umgekehrt die NZB für zulässig und begründet, wendet die ganze h. M. den Grundsatz der einheitlichen Kostenentscheidung auf die NZB und spätere Revision an, so dass sich die Kostentragung nach dem endgültigen Ausgang des Verfahrens in der Hauptsache richtet.[216] Somit hat der

---

[210] vgl. Seer, R. (2001), Tz. 69-73
[211] vgl. Seer, R. (2001), Tz. 74-76
[212] vgl. Seer, R. (2001), Tz. 77
[213] vgl. a. A. Birk/ Jahndorf, C. (1995), S. 1301; Weigell, J. (1995), S. 1334
[214] vgl. BT-Drucks. 14/4061, S. 10
[215] vgl. BT-Drucks. 14/4061, S.10; Seer, R. (2001), Tz. 78-79
[216] vgl. Offenhaus, K. Tz. 179; Beermann, A. (2001) Tz. 229, 230

BFH keine gesonderte Kostenentscheidung zu treffen, wenn die NZB teilweise als unbegründet zurückgewiesen wird. In diesem Fall wendet die h. M. Kostenteilung oder Gegeneinander- aufheben der Kosten nach § 136 Abs. 1 FGO an. Wenn beide Beteiligte eine NZB eingelegt haben und eine davon unzulässig oder unbegründet war, ist dem erfolglosen Beteiligten ein dem Streitwert seiner Beschwerde entsprechender Anteil der Kosten nach § 136 Abs. 1 S. 1 aufzuerlegen.[217]

Der Erfolg der NZB sagt nach h. M. noch nicht darüber aus, wer letztlich die Kosten der NZB tragen muss. Dies wiederspricht dem Charakter der NZB als von der Revision an sich zu unterscheidendes selbständiges Verfahren. Seer hält es für ratsam, konsequenterweise das NZB - Verfahren auch kostenrechtlich zu verselbständigen.

Erklären die Beteiligten während des Beschwerdeverfahrens übereinstimmend den gesamten Rechtsstreit für erledigt, so betreffen diese Erklärungen nicht nur das NZB - Verfahren, sondern auch den eigentlichen Rechtsstreit. Der BFH hat dann gemäß § 138 über die Kosten des gesamten Verfahrens zu entscheiden.[218] Die einseitige Erledigungserklärung eines der Beteiligten beeinflusst das NZB - Verfahren und die Entscheidung in diesem Verfahren grundsätzlich nicht.

3.7.5 Wirkung der Entscheidung über die Zulassung
3.7.5.1 Ablehnung der NZB § 116 Abs. 5 S.3 FGO n. F.
Die Hemmungswirkung der NZB nach § 116 Abs. 4 FGO n. F. entfällt bei Verwerfung oder Zurückweisung der NZB. Das FG-Urteil wird ex nunc rkr. § 116 Abs. 5 S.3 FGO n. F.. Die vom BFH früher vertretene Auffassung die Hemmungswirkung entfallen rückwirkend, ist durch Beschluss des GmSOGB in BGHZ 88, S. 353 überholt.[219] Der Eintritt der Rechtskraft unterscheidet nicht danch, ob eine NZB unbegründet oder unzulässig ist. Die Rechtskraft tritt bei Verwerfung/Zurückweisung der NZB dann ein, wenn der ablehnende Beschluss durch Übergabe zur Post den Hoheitsbereich des Gerichts verlässt.[220] Die mit der Einlegung eingetretene Hemmung der Rechtskraft des FG-Urteils entfällt jedoch ausnahmsweise rückwirkend, wenn die NZB wegen Versäumung der Frist des § 116 Abs. 2 S.1 FGO n. F. unzulässig ist.

Die als unzulässig vom BFH verworfene NZB, ist eine in der Sache erhobene Verfassungsbeschwerde und in der Regel als solche ebenfalls unzulässig. Nach dem Grundsatz der Subsidiarität

---

[217] vgl. Seer, R (2001), Tz. 80, 81; Offenhaus, K. Tz. 179
[218] vgl. BFH-Urteil vom 15.3.1994, V B 35/93, BFH/NV 1995, S. 331
[219] vgl. Seer, R. (2001), Tz. 83
[220] vgl. Offerhaus, K. Tz. 180

der Verfassungsbeschwerde muss ein Beschwerdeführer den belastenden Hoheitsakt mit den ihm durch das Gesetz zur Verfügung gestellten anderen Rechtsbehelfen zu beseitigen suchen.[221]

3.7.5.2 Zulassung der Revision § 116 Abs. 7 FGO

Nach § 115 Abs. 5 S. 4 FGO a. F. war es bislang so, dass mit der Stattgabe der Nichtzulassungsbeschwerde der Lauf der Revisionsfrist in Gang gesetzt wurde. Nunmehr wurde dies geändert. Nach § 116 Abs. 7 S. 1 FGO n. F. führt die Stattgabe im Rahmen des Verfahrens über die NZB unmittelbar zur Fortführung des Verfahrens, jetzt als Revisionsverfahren.[222] Dies bedeutet: Wird der NZB stattgegeben, lässt der BFH die Revision zu. Damit eröffnet der Zulassungsbeschluss den beschwerdeführenden Beteiligten das Rechtsmittel der Revision in vollem Umfang zugunsten aller Beteiligten.[223] Diese Verfahrensvereinfachung trägt zur Vermeidung eines unnötigen Verwaltungsaufwandes bei.[224] Auch Bilsdorfer bezeichnet dies als eindeutiger Fortschritt.[225] Sie erleichtert aus Sicht des Beschwerdeführers das Verfahren. Da das NZB-Verfahren einen anderen Gegenstand als das Revisionsverfahren beinhaltet, beginnt für den Beschwerdeführer erst mit der Zustellung des Zulassungsbeschlusses die Revisionsbegründungsfrist. Sie beträgt nur einen Monat. Diese Verkürzung rechtfertigt sich wegen der automatischen Überleitung in das Revisionsverfahren, da keine Revisionsfrist beachtet werden muss. Die übrigen Beteiligten haben die volle Revisions- und Revisionsbegründungsfrist. Die Beteiligten sind darauf hinzuweisen, um von ihrem Revisionsrecht auf sachgerechte Weise Gebrauch machen zu können.[226]

4. Schluss

Die NZB bringt einige Schwierigkeiten mit sich. In der Literatur gibt es vielseitige Meinungen über die NZB und darüber, inwieweit die „versuchte Verbesserung" des Gesetzgebers gelungen ist. Ackermann[227] beispielsweise betont, dass es bei der NZB unbedingt notwendig sei, einen besonderen Einsatz zu zeigen, da der Weg der NZB voller besonderer Tücken ist. Das war vorher so und ist jetzt noch genauso. Die NZB erfordert besonderes Engagement und Sachkenntnis im Bereich der NZB. Die Regel „ einmal im Leben" mag zutreffen, jedoch bringt sie einen nicht ans Ziel, nämlich durch die NZB die Zulassung zur Revision zu erreichen.

---

[221] vgl. Seer, R. (2001), Tz. 84

[222] vgl. Bilsdorfer, P. (2001), S. 756

[223] vgl. Seer, R. (2001), Tz. 85

[224] vgl. BT-Drucks. 14/4061, S.10

[225] vgl. Bilsdorfer, P. (2001), S. 756

[226] vgl. Seer, R. (2001), Tz. 85

[227] vgl. Ackermann, G. (2001), S. 1

Bilsdorfer sieht die Erweiterung der klassischen Revisionszulassungsgründe um den Rechtsfortbil-dungsgrund nicht unbedingt als der Erweiterung der Revisionsgründe Rechnung getragen. Jedoch betont er, das die derzeitige Lösung allemal eine Erweiterung der Revisionsmöglichkeiten darstelle. Bilsdorfer ist der Meinung, dass durch die Erweiterung der Revisionszulassungsgründe in Zukunft weniger NZB aus formellen Gründen abgewiesen werden.[228]

Was die Zukunft angeht, zeigt sich List skeptisch.[229] Seine Skepsis betrifft die abgeschaffte Streit-wertrevision. Er stellt zur Frage, ob nicht vielleicht doch die Beibehaltung der Streitwertrevision sinn-voller gewesen wäre, als die Neufassung der Revisionsgründe, in Anbetracht des Arbeitskräfteauf-wands. Er gibt zu bedenken, dass die hohen Anforderungen an die Begründung einer NZB bei den nunmehr vorgesehenen Zulassungsgründe kaum milder werden. Er folgt der Kritik von Seer, dass nicht daran zu zweifeln wäre auch an die neugefassten Zulassungsgründe die bisherigen Anforde-rungen zu stellen, da diese fast wörtlich und sachlich weitgehend übereinstimmen.[230] List rät erst einmal abzuwarten, ob die Gesetzesänderung wirklich eine Umkehr dieser Verhältnisse von NZB und Revision bringt.[231]

Meiner Meinung nach, wird durch die Neugestaltung der Revisionszulassungsgründe, die „richterli-che Arbeitskraft" nicht geringer, zumindest nicht in nächster Zeit. Dafür bestehen noch zu viele Unklarheiten bzw. „schwammige" Zulassungsgründe, von denen man nicht weiß, zu welchem Zulas-sungsgrund nach n. F. sie zählen oder ob sie überhaupt erfasst sind. Bei der Einführung des BFHEntlG sind 3 weitere Senate eingerichtet worden, es ist nicht abzusehen, ob es nicht sinnvoll wäre noch weitere Senate einzurichten, da der BFH durch die Direkteinreichung der NZB doch ein Teil mehr Arbeit jetzt hat, da dieser von den FG auf den BFH ja verlagert wurde. Eine Entlastung wie vom BFH angestrebt sehe ich in dieser Richtung nicht.

Man kann wirklich nicht sagen, dass der Gesetzgeber durch das 2. FGOÄndG mehr Klarheit in die NZB gebracht hat. Die gewünschte offenere Auslegung wird im Gegenteil erst durch die noch fol-genden Urteile bestätigt oder widerlegt werden müssen. Aber hier kann ich mich Seer und List nur anschließen, es ist wirklich anzunehmen, das die Rechtsprechung der bisherigen Rechtsprechung folgen wird, vor allem, in den zwei gebliebenen Identischen Zulassungsgründen des § 115 Abs. 1, 3 FGO n. F..

---

[228] vgl. Bilsdorfer, P. (2001), S. 753, 755
[229] vgl. List, H. (2000a), S. 1505
[230] vgl. List, H. (2000b), S. 2297
[231] vgl. List, H. (2000a), S. 1504

Positiv zu werten ist auf jeden Fall die Einführung der zweimonatigen Begründungsfrist, die es ermöglicht, die NZB richtig vorzubereiten. Von großem Vorteil ist auch, dass der BFH die Ablehnung einer NZB begründen muss. Die im Moment herrschende Rechtsunsicherheit wird verschwinden, da die noch folgenden Urteile durch die Begründungen eine Struktur der Rechtsprechung bilden werden.

Anlagenverzeichnis

Anhang

Anlage 1: Beispiel für eine formulierte NZB

Nichtzulassungsbeschwerde

20.2.2001

Bundesfinanzhof

Postfach 86 02 40

81629 München

In dem Rechtsstreit

Der Fritz Müller GmbH, vertreten durch ihren Geschäftsführer August Schmidt, Wägelstraße 20,

Braunschweig,

-Klägerin und Beschwerdeführerin-

Prozessbevollmächtigter:...-Vollmacht ist beigefügt-

gegen

Finanzamt Braunschweig – Wilhelmstraße, vertreten durch seinen Vorsteher,

-Beklagter und Beschwerdegegner-

wegen Grundsteuer

lege ich namens der Beschwerdeführerin

NICHTZULASSUNGSBESCHWERDE

ein,

mit dem Antrag,

die Revision gegen das Urteil des Niedersächsischen Finanzgericht v. 13.12.2000-Az...-, zugestellt

am 12.2.2001, zuzulassen.

Eine Abschrift des Urteils ist beigefügt.

Die Beteiligten streiten um die Grundsteuerbefreiung für ein Parkhaus. Die Beschwerdeführerin betreibt in unmittelbarer Nachbarschaft ihres Warenhauses ein Parkhaus. Das Parkhaus öffnet und schließt eine Stunde vor Geschäftsbeginn und –ende des Warenhauses. Es kann während der Geschäftszeiten von jedermann entgeltlich benutzt werden.

Mit Schreiben vom... beantragte die Beschwerdeführerin Befreiung von der Grundsteuer gem. § 4 Nr. 3 Buchsta a GrStC. Der Beschwerdegegner wies den Antrag als unbegründet zurück. Das Finanzamt hat die Klage ohne mündliche Verhandlung abgewiesen. Es hat die Revision nicht zugelassen.

Weitere Begründungen (alternativ):

a) mit grundsätzlicher Bedeutung der Rechtsfrage, § 115 Abs. 2 Nr. 1, § 116 Abs. 3 S. 2 idF des 2. FGO-ÄndG

Das Finanzgericht stützt seine Entscheidung auf die Feststellung, § 4 Nr. 3 Buchst. a GrStG sei nur auf fließenden Verkehr anwendbar.

Die Rechtsfrage, ob ein Parkhaus zu den Bauwerden gehört, die dem „öffentlichen Verkehr" dienen (§ 4 Nr. 3 Buchst. a GrStG) hat grundsätzliche Bedeutung iSd. § 115 Abs. 2 Nr. 1 idF. des 2. FGO-ÄndG. Aus Gründen der Rechtssicherhait und der einheitlichen Handhabung des Rechts besteht ein abstraktes Interesse der Allgemeinheit an der Klärung der Frage, ob das Tatbestandsmerkmal „öffentlicher Verkehr" auf den fließenden Verkehr beschränkt ist oder auch den ruhenden Verkehr umfasst. Die Klärung dieser Streitfrage wird für einen Vielzahl gleichgelagerter Sachverhalte bedeutsam sein.

In der Finanzgerichtsbarkeit wird das Problem unterschiedlich gelöst. Während das FG Schleswig-Holstein (Datum...Az...Fundstelle...) der Ansicht ist, der Begriff „öffentlicher Verkehr" iSd. § 4 Nr. 3 Buchst. a GrStG setze grundsätzlich Gebührenfreiheit der Einrichtung voraus (Datum, Aktenzeichen, ggf. Fundstelle), kommt das angefochtene Urteil zu dem Schluss der Begriff „öffentlicher Verkehr" sei schlechthin auf den fließenden Verkehr beschränkt.

Die Rechtsfrage ist auch im Interesse der Allgemeinheit klärungsbedürftig, weil der Bundesfinanzhof bis jetzt noch keine Gelegenheit hatte, sich mit dem Begriff „öffentlicher Verkehr" iSd. § 4 nr. 3 Buchst. a GrStG auseinanderzusetzen.

Die Revision ist daher gem. § 116 Abs. 3 S. 3, § 115 Abs. 2 Nr. 1 idF des 2. FGO-ÄndG zuzulassen.

Unterschrift[232]

---

[232] Enthalten in: Gast-de Haan, B. (2001), S. 1277-1278

Anlage 2: Muster einer Nichtzulassungsbeschwerde

Toni Tommes   Ort, Straße, Datum
Steuerberater

Bundesfinanzhof
Postfach 86 02 40
81629 München

In dem Rechtsstreit

Des Kaufmanns Bernd Baus, …,

                                        Kläger und Beschwerdeführer

Bevollmächtigter: Steuerberater Toni Tommes, …,

                             gegen

Finanzamt Saarbrücken -Am Stadtgraben- ;

                                  Beklagten und Beschwerdegegner
vertreten durch seinen Vortsteher,

lege ich gegen das Urteil des Finanzgerichts des Saarlandes vom 30.März 2001,
Gz. 1 K 3021/97,

               N i c h t z u l a s s u n g s b e s c h w e r d e

ein.

Zur Begründung wird geltend gemacht:

Die Revision nach § 115 Abs. 2 Nr. 2 FGO zuzulassen. Das Finanzgericht hat in seinem Urteil eine Entscheidung zu der Frage getroffen, ob und inwieweit Unfallkosten auf dem Weg zwischen Wohnung und Arbeitsstätte zum Werbungskostenabzug führen. Insoweit hat es sich an der gefestigten Rechtsprechung des BFH orientiert, dabei aber übersehen, dass ein spezieller Aspekt des vorliegenden Falles (wäre auszuführen) bislang noch nicht entschieden worden ist.

Dieser spezielle Aspekt berührt nachhaltig allgemeine Interessen, weil hiervon eine Vielzahl von Arbeitnehmern betroffen sein dürfte.

Insoweit wird beantragt, die Revision zuzulassen.

Unterschrift

Toni Tommes[233]

---

[233] Enthalten in: Schwarz, H. (2001), Rz. 833

Literaturverzeichnis

Monographien

Gast-de Haan, B. (2001)
Steuerliches Vertrags- und Formularhandbuch, Gesellschaftsverträge- Sonstige Verträge - Besteuerungsverfahren - Rechtsmittelverfahren – Steuerstrafverfahren, 4. neubearbeitete Auflage, München 2001

Kummer, P. (1990)
Die Nichtzulassungsbeschwerde, Das Beschwerde-verfahren nach der FGO, der VwGO und dem SGG, herausgegeben von Stober, R. , Köln Berlin Bonn München 1990

Ruban, R. (1986)
Der Zugang zum Bundesfinanzhof - Nichtzulassungs-beschwerde – Revision, herausgegeben von Klein, F./ Ruban, R., München 1986

Schwarz, H. (2001)
Wie führe ich einen Finanzgerichtsprozess ? Vorläufiger Rechtsschutz – Klageerhebung - Prozess – Revision, begründet von Sauer, O. fortgeführt von Schwarz, H. unter Mitarbeit von Schmidt-Liebig, A. , Bilsdorfer, A. , 5. völlig überarbeitete und erweiterte Auflage, Bielefeld 2001

Kommentare

Alberts, J. / Hartmann, P. (2002)
§ 521 ZPO, Zivilprozessordnung:: mit Gerichtsverfassungsgesetz und anderen Nebengesetzen, begründet von Baumbach, A. fortgeführt von Lauterbach, W., 60. neubarbeitete Auflage, München 2002

Berrmann, A. (2001)
§ 115 FGO, § 116 FGO, Steuerliches Verfahrensrecht, Kommentar zur Abgabenordnung, Finanzgerichts-ordnung, Nebengesetze, herausgegeben von Berrmann, A., CD-Rom, Stand bis 30. April 2002, Berlin 2001

Eyermann, E. (2000)
§ 132 VwGO, Verwaltungsgerichtsordnung: Kommentar, herausgegeben von Eyermann/ Fröhler/ Ludwig, 11. überarbeitete Auflage, München 2000

Koch, H. R. (2002)
§ 56 FGO, Kommentar zur Finanzgerichtsordnung mit Nebengesetzen, herausgegeben von Gräber, F., 5. völlig neubearbeitete Auflage, München 2002

Schenke, W. R. (2000)
§ 132 VwGO, Verwaltungsgerichtsordnung Kommentar, begründet von Kopp, F. , fortgeführt von Schenke, W. R. , 12. neubearbeitete Auflage, München 2000

Lange, H. F. (2001)
§ 115 FGO, Kommentar zur Abgabenordnung, Finanzgerichtsordnung, herausgegeben von Hübschmann/Hepp/Spitaler, 10. Auflage, Stand August 2001, Köln 1995

List, H.
§ 115 FGO, Kommentar zur Abgabenordnung, Finanzgerichtsordnung, herausgegeben von Hübschmann/Hepp/Spitaler , 10. Auflage, frühere Fassung der losen Blattsammlung, Köln 1995

Offenhaus, K.
§ 115 FGO, Kommentar zur Abgabenordnung, Finanzgerichtsordnung, herausgegeben von Hübschmann/Hepp/Spitaler , 10. Auflage, frühere Fassung der losen Blattsammlung, Köln 1995

Ruban, R. (2002)
§ 115 FGO, § 116 FGO, Kommentar zur Finanzgerichtsordnung mit Nebengesetzen, herausgegeben von Gräber, F., 5. völlig neubearbeitete Auflage, München 2002

Schmidt, K. (2001)
§ 73 GWB, Kommentar zum Kartellgesetz- Gesetz gegen Wettbewerbsbeschränkung, herausgegeben von Immenga, U. / Mestmäcker, E. J., 3. Auflage, München 2001

Seer, R. (2001)
§ 115 FGO, § 116 FGO Kommentar zur Abgabenordnung, Finanzgerichtsordnung: Kommentar zur AO 1977 und FGO (ohne Steuerstrafrecht), herausgegeben von Tipke,K./Kruse, H. W., 16. Auflage, Stand November 2001, Köln 1996

Pietzner, R. (1998)
§ 132 VwGO, Verwaltungsgerichtsordnung: Kommentar, herausgegeben von Schoch, F./ Schmidt-Aßmann, E. / Pieztner, R. , Stand Februar 1998

Drucksachenverzeichnis

BT-Drucksache 14/4061

BFH-Jahresbericht 2000

Aufsätze

Ackermann, G. (2001)	Die Nichtzulassungsbeschwerde – Ein Instrument mit vielen Tücken, in Der Betrieb, 54 Jg. (2001), S. 1
Beermann, A. (2000)	Neues Revisionsrecht für das finanzgerichtliche Verfahren ab 1. Januar 2001?, in Deutsche Steuerzeitung, 88 Jg. (2000), S. 773-780
Bilsdorfer, P. (2001)	Das Zweite Gesetz zur Änderung der Finanz-Gerichtsordnung, in Betriebs-Berater, 56 Jg. (2001), S. 753-757
Birk, D. / Jahndorf, C. (1995)	Zur Begründungspflicht des BFH bei der Zurückweisung von Revisionen – Auslegungsfragen bei der Anwendung von Art. 1 Nr. 7 BFHEntlG., in Der Betrieb, 48 Jg. (1995), S. 1301-1306
Lange, H. F. (2001)	_Anforderungen an die Begründung der Nichtzulassungsbeschwerde, in Der Betrieb, 54. Jg. (2001), S. 2312-2316_
Lange, H. F. (1998)	Die zulassungsfreie Revision gegen Urteile in Zolltarifsachen, in Deutsche Steuerzeitung, 86.Jg (1998) S. 92-97
List, H. (2000a)	Die permanente Reform der finanzgerichtlichen Revision, in Deutsches Steuerrecht, 36. Jg. (2000), S. 1499-1503
List, H. (2000b)	Die Zulassung der Revision zum Bundesfinanzhof nach dem 2. FGOÄndG-Entwurf, in Der Betrieb, 53. Jg. (2000), S. 2294-2297
Lohse, C. (1985)	Antrag auf Revisionszulassung bereits im Klageverfahren, in Deutsches Steuerrecht, 23. Jg. (1985), S. 491-493

Rätke, B. (2000)

Der Begriff des error in iudicando im Verfahren über die Nichtzulassungsbeschwerde nach § 115 Abs. 2 Nr. 3, Abs. 3 FGO, in Deutsche Steuerzeitung, 88. Jg. (2000), S.246-253

Rüsken, R. (2000)

Rechtsbehelfe gegen Gerichtsentscheidungen – Mindeststandards der Überprüfbarkeit gerichtlicher Entscheidungen, in Deutsche Steuerzeitung, 88. Jg. (2000), S. 815-821

Schaumburg, H. (1999)

Reform des finanzgerichtlichen Revisionsrechts-Bericht über die Ergebnisse vom BFH initiierten Arbeitsgruppen zur Reform des finanzgerichtlichen Revisionsrechts, in Steuer und Wirtschaft, kein Jg. (1999), S. 68-77

Seer, R. (2001)

Defizite im finanzgerichtlichen Rechtsschutz-zugleich eine kritische Auseinandersetzung mit dem 2. FGO-Änderungsgesetz vom 19.12.2000, in Steuer und Wirtschaft, kein Jg. (2001), S. 3-18

Seer, R. (2000)

FGO-Änderungsgesetz-Zweitinstanzlicher Rechtsschutz bleibt auf der Strecke!, in Betriebs-Berater, 55. Jg. (2000), S. 2387-2390

Spindler, W. (2001)

Das 2. FGO Änderungsgesetz, in Der Betrieb, 54. Jg. (2001), S. 61-66

Weigell, J. (1995)

Entscheidungen des Bundesfinanzhofs ohne Begründung auf dem Verfassungsgerichtlichen Prüfstand, in Deutsches Steuerrecht, 33 Jg. (1995), S. 1334-1335

Urteilsverzeichnis

1) BFH-Urteil vom 5.11.2001, VIII B 50/01, Haufe Index 665089, BFH/NV CD-Rom Stand März 2002

2) BFH-Urteil vom 31.10.2000, IV B 1/00, BFH/NV 2001, S. 609

3) BFH-Urteil vom 30.10.2001, X B 63/01, Haufe Index 665952, BFH/NV CD-Rom Stand März 2002

4) BFH-Urteil vom 17.10.2001, III B 65/01, BFH/NV 2002, S. 217

5) BFH-Urteil vom 4.10.2001, X B 93/01, BFH/NV 2002, S. 190

6) BFH-Urteil vom 21.9.2001, IV B 118/01, DStRE 2002, S. 60

7) BFH-Urteil vom 7.9.2001, VI B 74/01, VI B 75/01, BFH/NV 2002, S. 351

8) BFH-Urteil vom 6.9.2001, X B 47/01, BFH/NV 2002, S. 350

9) BFH-Urteil vom 30.8.2001, IV B 83/00, BFH/NV 2002, S. 349

10) BFH-Urteil vom 29.8.2001, X B 36/01, BFH/NV 2002, S. 348

11) BFH-Urteil vom 28.8.2001, X B 60/01, BFH/NV 2002, S. 347

12) BFH-Urteil vom 23.8.2001, VII R 94/99, BFH/NV 2001, S. 86

13) BFH-Urteil vom 9.8.2001, III R 14/01, BFH/NV 2001, S. 48

14) BFH-Urteil vom 15.6.2000, IX B 5/00, BFH/NV 2000, S. 1238

15) BFH-Urteil vom 22.5.2000, III B 97/99, BFH/NV 2000, S. 1203

16) BFH-Urteil vom 18.5.2000, VII B 36/99, BFH/NV 2000, S. 1355

17) BFH-Urteil vom 9.5.2000, VIII R 77/97, BFH/NV 2000, S. 1530

18) BFH-Urteil vom 9.5.2000, X B 75/99, BFH/NV 2000, S. 1458

19) BFH-Urteil vom 4.5.2000, I B 121/99, BFH/NV 2000, S. 1477

20) BFH-Urteil vom 17.3.2000, VII B 1/00, BFH/NV 2000, S. 1125

21) BFH-Urteil vom 14.3.2000, III B 6/00, BFH/NV 2000, S. 112

22) BFH-Urteil vom 23.2.2000, VIII R 80/98, BFH/NV 2000, S. 978

23) BFH-Urteil vom 19.1.2000, IV B 76/99, BFH/NV 2000, S. 860

24) BFH-Urteil vom 17.12.1999, VII B 183/99, BFH/NV 2000, S. 597

25) BFH-Urteil vom 16.12.1999, V B 132/99, BFH/NV 2000, S. 762

26) BFH-Urteil vom 14.12.1999, IV B 76/99, BFH/NV 2000, S. 848

27) BFH-Urteil vom 14.10.1999, IV B 122/8, BFH/NV 2000, S. 345

28) BFH-Urteil vom 30.9.1999, IR 9/98, BFH/NV 2000, S. 572

29) BFH-Urteil vom 22.9.1999, VII B 82/99, BFH/NV 2000, S. 335

30) BFH-Urteil vom 20.9.1999, III R 33/97, BStBl. II 2000, S. 208

31) BFH-Urteil vom 19.7.1999, VB 8/99, BFH/NV 2000, S. 192

32) BFH-Urteil vom 4.5.1999, IX B 39/99, BStBl. II 1999, S. 587

33) BFH-Urteil vom 29.1.1999, VI R 85/98, BStBl. II 1999, S. 302

34) BFH-Urteil vom 30.10.1998, III B 56/98, BFH/NV 1999, S. 635

35) BFH-Urteil vom 13.8.1998, VI B 189/96, BFH/NV 1999, S. 326

36) BFH-Urteil vom 28.11.1997, I B 84/97, BFH/NV 1998, S. 712

37) BFH-Urteil vom 10.11.1997, V III B 166/97, BFH/NV 1998, S. 618

38) BFH-Urteil vom 28.7.1997, V III B 68/96, BFH/NV 1998, S. 29

39) BFH-Urteil vom 17.4.1997, XI B 34/97, BFH/NV 1997, S. 694

40) BFH-Urteil vom 8.11.1996, VI R 24/96, BFH/NV 1997, S. 363

41) BFH-Urteil vom 16.10.1996, II B 35/96, BFH/NV 1997, S. 193

42) BFH-Urteil vom 12.9.1996, V III B 16/96, BFH/NV 1997, S. 245

43) BFH-Urteil vom 1.3.1996, V B 65/95, BFH/NV 1996, S. 625

44) BFH-Urteil vom 6.12.1995, I R 111/94, BFH/NV 1996, S. 554

45) BFH-Urteil vom 13.11.1995, V B 118/95, BFH/NV 1996, S. 346

46) BVerwG Urteil vom 30.5.1995, 5 U 63/94, NJW- Rechtssprechungs- Report Zivil 1996, S. 359

47) BFH-Urteil vom 24.4.1995, III B 27/95, BFH/NV 1995, S. 914

48) BFH-Urteil vom 22.4.1995, IX R 6/94, BStBl. II 1995, S. 545

49) BFH-Urteil vom 31.3.1995, XI B 151/94, BFH/NV 1995, S. 1071

50) BFH-Urteil vom 29.3.1995, II B 129/94, BFH/NV 1995, S. 910

51) BFH-Urtell vom 21.3.1995, VIII R 7/95, BFH/NV 1995, S. 995

52) BFH-Urteil vom 22.2.1995, VIII B 81/94, BFH/NV 1995, S. 711

53) BFH-Urteil vom 22.6.1994, V III B 59/94, BFH/NV 1995, S. 51

54) BFH-Urteil vom 17.5.1994, X R 169/93, BFH/NV 1995, S. 251

55) BFH-Urteil vom 21.3.1994, V B 114/93, BFH/NV 1995, S. 603

56) BFH-Urteil vom 15.3.1994, V B 35/93, BFH/NV 1995, S. 331

57) BFH-Urteil vom 14.3.1994, VI B 70/92, BFH/NV 1994, S. 648

58) BFH-Urteil vom 23.2.1994, IX B 90/93, BFH/NV 1994, S. 712

59) BFH-Urteil vom 12.11.1993, III B 234/92, BStBl. II 1994, S. 401

60) BFH-Urteil vom 30.9.1993, IV B 182/92, BFH/NV 1994, S. 642

61) BFH-Urteil vom 18.8.1993, II B 46/93, BFH/NV 1994, S. 216

62) BFH-Urteil vom 17.6.1993, VIII R 55/92, BFH/NV 1994, S. 334

63) BFH-Urteil vom 12.5.1993, X B 28/93, BFH/NV 1994, S. 182

64) BFH-Urteil vom 22.1.1993, III B 234/92, BFH/NV 1994, S. 713

65) BFH-Urteil vom 9.7.1992, IV R 55/90, BFH/NV 1993, S. 81

66) BFH-Urteil vom 5.5.1992, VII S 13/92, BFH/NV 1993, S. 262

67) BFH-Urteil vom 28.4.1992, VIII R 31/91, BFH/NV 1992, S. 685

68) BFH-Urteil vom 27.3.1992, III B 547/90, BStBl. II 1992, S. 842

69) BFH-Urteil vom 26.9.1991, VIII B 41/91, BStBl. II 1991, S. 924

70) BFH-Urteil vom 12.6.1991, III R. 106/87, BStBl. II 1991, S. 806

71) BFH-Urteil vom 27.2.1991, II B 27/90, BStBl. II 1991, S. 465

72) BFH-Urteil vom 28.1.1991, IX B 46/90, BFH/NV 1991, S. 612

73) BFH-Urteil vom 7.11.1990, III S 7/90, BFH/NV 1991, S. 337

74) BFH-Urteil vom 5.9.1990, IV B 169/89, BStBl. II 1990, S. 1059

75) BFH-Urteil vom 17.1.1990, IX R 6/89, BFH/NV 1990, S. 664

76) BFH-Urteil vom 23.8.1989, III B 1/88, BFH/NV 1990, S. 306

77) BFH-Urteil vom 27.1.1989, V B 145/88, BFH/NV 1989, S. 706

78) BFH-Urteil vom 7.12.1988, VIII B 71/88, BStBl. II 1989, S. 566

79) BFH-Urteil vom 28.4.1988, V B 11/88, BStBl. II 1988, S. 734

80) BFH-Urteil vom 28.3.1988, V 51/88, BFH/ NV 1990, S. 105

81) BFH-Urteil vom 8.1.1988, V B 69/87, BFH/NV 1988, S. 453

82) BFH-Urteil vom 9.12.1987, V B 61/85, BFH/NV 1988, S. 576

83) BFH-Urteil vom 2.9.1987, II B 103/87, BStBl. II 1987, S. 785

84) BFH-Urteil vom 11.8.1987, VII R 121/84, BStBl. II 1988, S. 512

85) BFH-Urteil vom 23.6.1987, VIII B 212/86, BStBl. II 1987, S. 635

86) BFH-Urteil vom 11.2.1987, II B 140/86, BStBl. II 1987, S. 344

87) BFH-Urteil vom 6.8.1986, II B 53/86, BStBl. II 1986, S. 858

88) BFH-Urteil vom 29.9.1981, VIII R 90/79, BStBl. II 1982, S. 217

89) BVerfG Beschluss vom 11.10.1978, 2 BvR 214/76, NJW 1979, S. 539

90) BFH-Urteil vom 20.4.1977, I B 34/69, BStBl. II 1977, S. 608

91) BFH-Urteil vom 14.7.1976, VIII R 52/76, BStBl. II 1976, S. 630

92) BFH-Urteil vom 28.11.1974, I R 62/74, BStBl. II 1975, S. 209

93) BFH-Urteil vom 25.1.1971, Gr. S. 6/70, BStBl. II 1971, S. 274

94) BFH-Urteil vom 27.10.1970, VII R 42/68, BStBl. II 1970, S. 873

95) BFH-Urteil vom 2.10.1968, I B 21/68, BStBl. II 1968, S. 824

96) BGH-Urteil vom 30.9.1968, VII ZR 93/67, JZ 1969 S. 235

97) BFH-Urteil vom 21.7.1968, III B 58/67, BStBl. II 1969, S.36

98) BVerwG Entscheidung vom 29.3.1968, IV C 27/67, NJW 1968, S. 1842

99) BVerfG Entscheidung vom 26.4.1967, VIII C 52/65, BFHE 1967, S. 90

Abkürzungsverzeichnis

AdV	Aussetzung der Vollziehung
a. M.	anderer Meinung
a. F.	alte Fassung
BAG	Bundesarbeitsgesetz, Bundesarbeitsgericht
BFH	Bundesfinanzhof
BGHZ	Entscheidungen des Bundesgerichtshofes in Zivilsachen
BFHEntlG	Gesetz zur Entlastung des Bundesfinanzhofes vom 4.7.1985, BGBl. I 1985, S. 1274
BGBl	Bundesgesetzblatt
BGH	Bundesgerichtshof
BMF	Bundesministerium für Finanzen
BSozG	Bundessozialgesetz
BStBl	Bundessteuerblatt
BT	Bundestag
BVerfG	Bundesverfassungsgericht
bzw.	beziehungsweise
DB	Der Betrieb
DStR	Deutsches Steuerrecht
DstRE	Deutsches Steuerrecht Entscheidungen
DStZ	Deutsche Steuerzeitung
EuGH	Europäischer Gerichtshof
FG	Finanzgericht
FGO	Finanzgerichtsordnung in der Fassung vom 6. Oktober 1965 (BGBl. I S. 1477), mit Änderungen bis zum 19.12.2000 (BGBl. S. 1757)
FGOÄndG	FGO-Änderungsgesetz
GG	Grundgesetz 35., neubearbeitete Auflage, Stand: 15. August 1998
GmS	Gemeinsamer Senat

GmSOGB	Gemeinsamer Senat der obersten Gerichtshöfe des Bundes
GWB	Gesetz gegen Wettbewerbsbeschränkungen, zuletzt geändert durch das Gesetz vom 7.5.1998, BGBl I 2512
h. M.	herrschende Meinung
idF.	in der Fassung
i. V. m.	in Verbindung mit
JZ	Juristenzeitung
n. F.	neue Fassung
NJW	Neue Juristische Wochenzeitschrift
NVwZ	Neue Zeitung für Verwaltungsrecht
NZB	Nichtzulassungsbeschwerde
Rz.	Randziffer
SGG	Sozialgesetzgebung
StuW	Steuer und Wirtschaft
Tz.	Textziffer
VwGO	Verwaltungsgesetzordnung vom 21.1.1960, BGBl I 17
Z rr	Rechtssprechungs-Report Zivil
ZPO	Zivilprozessordnung, 33. überarbeitete Auflage, Stand 15.2.2001

Wissensquellen gewinnbringend nutzen

Qualität, Praxisrelevanz und Aktualität zeichnen unsere Studien aus. Wir bieten Ihnen im Auftrag unserer Autorinnen und Autoren Wirtschaftsstudien und wissenschaftliche Abschlussarbeiten – Dissertationen, Diplomarbeiten, Magisterarbeiten, Staatsexamensarbeiten und Studienarbeiten zum Kauf. Sie wurden an deutschen Universitäten, Fachhochschulen, Akademien oder vergleichbaren Institutionen der Europäischen Union geschrieben. Der Notendurchschnitt liegt bei 1,5.

Wettbewerbsvorteile verschaffen – Vergleichen Sie den Preis unserer Studien mit den Honoraren externer Berater. Um dieses Wissen selbst zusammenzutragen, müssten Sie viel Zeit und Geld aufbringen.

http://www.diplom.de bietet Ihnen unser vollständiges Lieferprogramm mit mehreren tausend Studien im Internet. Neben dem Online-Katalog und der Online-Suchmaschine für Ihre Recherche steht Ihnen auch eine Online-Bestellfunktion zur Verfügung. Inhaltliche Zusammenfassungen und Inhaltsverzeichnisse zu jeder Studie sind im Internet einsehbar.

Individueller Service – Gerne senden wir Ihnen auch unseren Papierkatalog zu. Bitte fordern Sie Ihr individuelles Exemplar bei uns an. Für Fragen, Anregungen und individuelle Anfragen stehen wir Ihnen gerne zur Verfügung. Wir freuen uns auf eine gute Zusammenarbeit.

Ihr Team der Diplomarbeiten Agentur

Diplomica GmbH
Hermannstal 119k
22119 Hamburg

Fon: 040 / 655 99 20
Fax: 040 / 655 99 222

agentur@diplom.de
www.diplom.de

Printed in Germany
by Amazon Distribution
GmbH, Leipzig